让孩子跟着课本去旅行

徐霞客的中国游

上

竹马书坊　编著

民主与建设出版社
·北京·

图书在版编目（CIP）数据

让孩子跟着课本去旅行：徐霞客的中国游：上下 / 竹马书坊编著. -- 北京：民主与建设出版社，2024. 12. -- ISBN 978-7-5139-4768-8

Ⅰ. K928.9-49

中国国家版本馆 CIP 数据核字第 2024S6K660 号

让孩子跟着课本去旅行：徐霞客的中国游：上下
RANG HAIZI GENZHE KEBEN QU LÜXING XU XIAKE DE ZHONGGUOYOU SHANGXIA

编　　著　竹马书坊
责任编辑　宁莲佳
封面设计　尛　玖
插图绘制　格里莫伊文化创意
出版发行　民主与建设出版社有限责任公司
电　　话　（010）59417749　59419778
社　　址　北京市朝阳区宏泰东街远洋万和南区伍号公馆 4 层
邮　　编　100102
印　　刷　天宇万达印刷有限公司
版　　次　2024 年 12 月第 1 版
印　　次　2025 年 2 月第 1 次印刷
开　　本　670 毫米 ×950 毫米　1/16
印　　张　17
字　　数　136 千字
书　　号　ISBN 978-7-5139-4768-8
定　　价　68.00 元（全两册）

人物 Person

徐霞客的中国游 Travel

大家好，我叫徐霞客，是个好打卡风景名胜的旅游博主。大丈夫当朝碧海而暮苍梧，少年时我就立志要踏遍三山五岳，用我最喜欢的方式过一生！

嘿嘿，你们好，我是老爷的好随从顾仆，在老爷旅行的路途中，我认真努力地完成了老爷交给我的各种任务，就是在鸡足山当了逃兵，我实在太难了。

阿弥陀佛，我是静闻，之前我刺破自己的身体，用鲜血抄写了《华严经》，希望有一天能把经书供奉到鸡足山寺里，所以我和徐公同行，开启了一场冒险之旅。

前言 Preface

徐霞客的中国游 Travel

徐霞客，名弘祖，字振之，号霞客，又号霞逸，南直隶江阴（今属江苏）人。生于明万历十五年（1587），卒于崇祯十四年（1641）。他是明代伟大而杰出的旅行家、探险家、地理学家。

徐霞客幼年好学，博览图经地志。他不愿入仕，而是将探奇览胜作为自己的志向。他自二十二岁起出游，至1640年重病被护送回老家，三十多年间足迹遍及如今的浙江、江苏、山东、山西、陕西、河北、河南、安徽、江西、福建、广东、湖南、湖北、贵州、云南、广西、北京、天津、上海等地，可以说是游览了大半个中国。

徐霞客的观察所得，是以日记形式记录下来的。在徐霞客去世后，季梦良等人将其整理成富有地理学价值和文学价值的《徐霞客游记》。世传本有十卷、十二卷、二十卷等数种。部分散佚，经历多次传抄整理，多非原来面目，今存六十余万字。主要按日期记述了徐霞客在1613—1639年间的旅行见闻，详细记录了地貌、水文、地质、植被等自然资源。《徐霞客游记》文笔生动形象，记述精彩详细，钱谦益称誉其为“世间真文字、大文字、奇文字”。后人为了纪念这位伟大的旅行家、探险家、地理学家，将《徐霞客游记》开篇之作《游天台山日记》的所写日期“癸丑之三月晦”（癸丑，明万历四十一年，即公元1613年。“三月晦”指阴历三月的最后一天，即公历5月19日），即5月19日定为中国旅游日。

本书以徐霞客的第一视角，通过讲故事的方式，引领读者走进徐霞客世界，跟随着他的脚步，深入了解地理、历史、文学等方面的知识，探访祖国的大好山河，领略当地的风土人情！

目录 Contents

徐霞客的中国游 Travel

癸丑

万历四十一年 | 公元 1613 年

四月初三

晨起，

果日光烨烨，决策向顶。

徐霞客

27 岁时在万历四十一年三月的最后一天，从宁海县出发，四月初一到达天台县境，与僧人莲舟一起游览了天台山。

流连忘返 三游天台山

山顶为啥这么冷

万历四十一年四月初三，我准备探访天台山。一大早天刚亮，我就催着莲舟**上人**出发了，一路努力地爬呀爬呀，终于到了华顶峰。咦？怎么山顶和山下这么不一样呢，我来的时候，看到山下的花开得可漂亮了，还以为山顶也是奇花异草生长繁茂呢！谁料，这里到处都是七倒八歪的荒草，上面挂着冰霜，这大概是高处寒冷所造成的吧。这风一吹，可真冷啊，还是下去吧！

上人：佛教指智德兼备可为僧众之师的高僧。南朝宋以后多用为僧人的尊称。

大自然来架桥

我从华顶峰下来，和莲舟上人直奔石梁。我们一边走，一边看，一座山连着一座山，溪水弯弯曲曲地流着，就像一幅幅美丽的山水画一样，那真不是瞎说！一晃啊我就走了二十多里山路，终于到石梁啦！我抬头一瞧，那石梁之下，一条瀑布飞奔而下，好壮观呀！我翻过一座山，沿着小溪走了八九里地，就看见流水形成瀑布，回环旋转，过了三道湾，飞泻而下！我光着脚，跳到草丛中，爬上树，沿着山崖向前走，弄得莲舟上人不能跟随。直到天黑，我才不舍地返回。站在仙筏桥上，四周黑蒙蒙的，石桥就像彩虹一样架在半空，瀑布泻下飞溅的水花跟雪一样白，我就在这一直看呀看，都不想去睡觉了。第二天我连饭都没吃，就匆忙来到了石梁。这石梁有多长，我丈量了一下，也就三**丈**左右，至于宽呢，只有一**尺**多。这

尺：长度单位，1尺约等于0.33米

丈：长度单位，1丈约等于3.33米

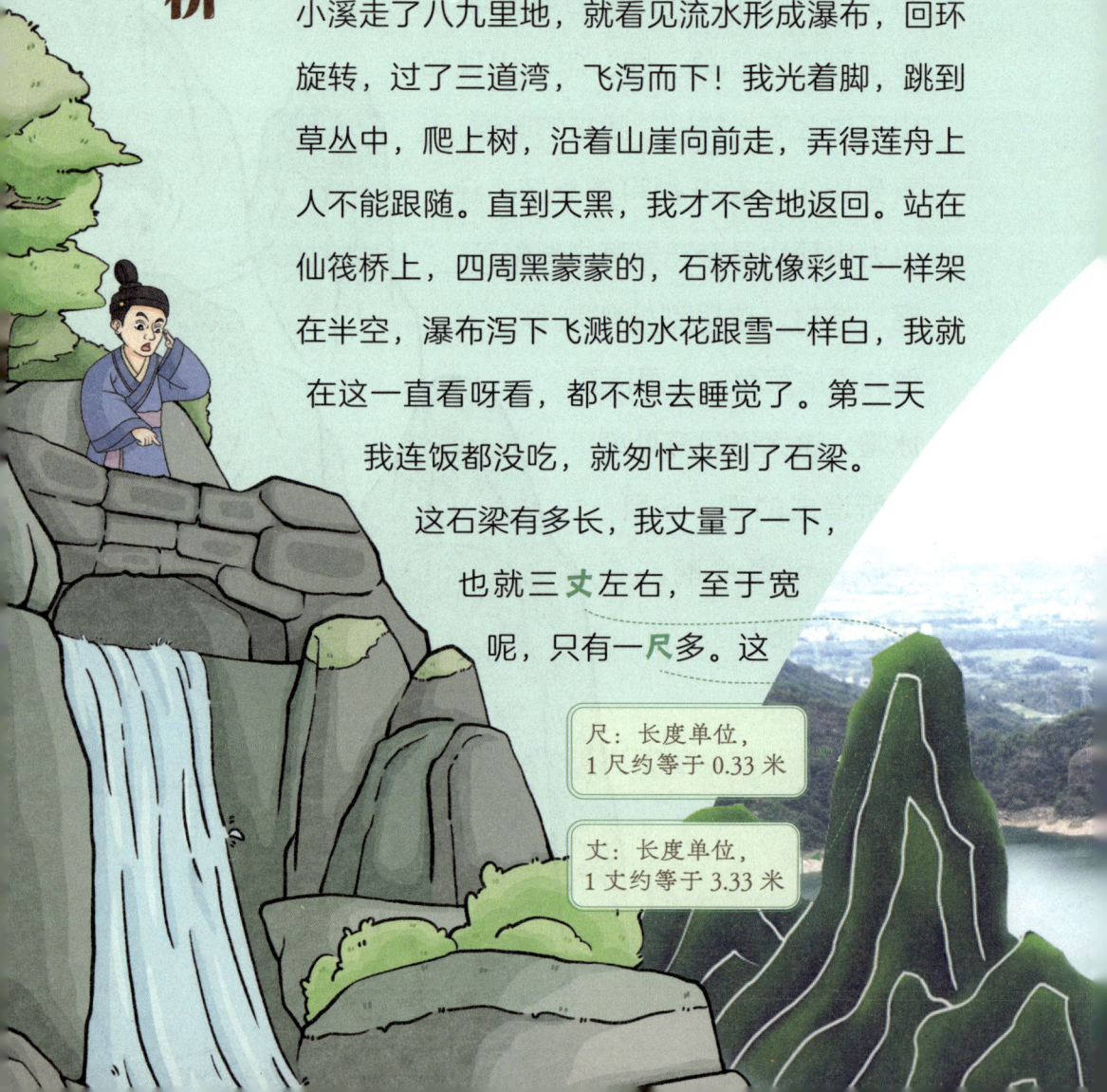

样一座横跨在岩石之间天然形成的石梁桥，真是大自然给我们的礼物呀！来到这，不走一走石梁桥，岂不亏了？我屏气凝神，一步一步地向前走，下面的瀑布汹涌奔腾，感觉离我特别近。我目视前方，慢慢地走到了尽头。我一瞧，哎，没有路了，还是原路返回吧！

石笋之奇

崇祯五年 (1632) 三月，过了将近二十年，我又一次来到了天台山。这一次，我专门探寻了奇异之景——石笋峰。只见一块岩石直直地立在山涧中，流水冲下，腾空而起，形成了瀑布，是不是很神奇！我沿着溪流向北转，两岸的崖壁越来越陡，岩壁之下流水积聚成潭，这就是螺蛳潭。我手抓着崖石侧边的藤条向上爬登到山崖侧面，双腿盘坐在崖石上看着螺蛳潭内，景致比石梁景区还要美呢！四月份我从雁荡山回来，第三次来到了天台山，这次观赏了天台山以西的胜景。

天台山的景致真是太吸引我了，越看越不愿离开！

JING DIAN SHANG XI

经典赏析

复[①]上至太白，循[②]路登绝顶[③]。荒草靡[④]靡，山高风冽[⑤]，草上结霜高寸许，而四山回映，琪花玉树[⑥]，玲珑弥望[⑦]。岭角山花盛开，顶上反不吐色，盖为高寒所勒[⑧]耳。仍下华顶庵，过池边小桥，越三岭。溪回山合，木石森丽，一转一奇，殊慊[⑨]所望。

——《游天台山日记》初三日

---

① 复：又。

② 循：沿着。

③ 绝顶：山巅，此处指华顶峰。

④ 靡（mǐ）：草随风倒伏相依的样子。

⑤ 冽（liè）：冷。

⑥ 琪花玉树：形容霜雪中的景色。

⑦ 弥望：充满视野。

⑧ 勒：限制。

⑨ 慊（qiè）：满足。

自然传奇

山地呀，就是海拔 500 米以上的高地。山地的垂直地域分布规律形成原因是：随着山的高度越来越高，气温会变得越来越低。陆地植被水平分布与纬度、温度的关系是：纬度增高，温度降低，植被类型分别是热带雨林、亚热带常绿阔叶林、温带落叶阔叶林、亚寒带针叶林及寒带苔原。同一纬度，随着湿度的减小，植被类型从森林到草原再到荒漠。

踏遍山河

天台 (tāi) 山跨浙江省天台县、宁海县、宁波市奉化区，是甬江、曹娥江和灵江的分水岭。主峰华顶山，海拔 1095.4 米，最高峰苍山顶，海拔 1113 米，在天台县东。多悬崖、峭壁和飞瀑，以石梁瀑布最为著名。山上有隋代古刹国清寺，为佛教天台宗发源地。为国家级风景名胜区。

壬申

崇祯五年 | 公元 1632 年

五月初三

历级北上雁湖顶，道不甚峻。

徐霞客

27 岁时第一次游历雁荡山，用足布垂在崖边往下走，舍命寻找雁湖，表现了他英勇无畏的精神。

别有天地 两访雁荡山

怪石奇峰显危情

万历四十一年四月，我第一次来到了雁荡山。虽然我一心想探寻雁湖的秘密，却阴差阳错地看到了各种奇形怪状的岩峰：这有一位穿着袈裟直立的僧人拱着手在迎接客人；那有一对羽翼相接的凤凰，双宿双栖；你瞧，那一座亭亭玉立的山峰直耸云霄，仿若观音菩萨坐在莲台之上；再看大剪刀峰傲然耸立于群山之间，是那样夺目！还有灵峰、五老峰、屏霞嶂、展旗峰、天柱峰、玉女峰、独秀峰等诸多千奇百怪的岩峰，等你自己看噢！我一路走，一路看，想着到峰顶，就能看到雁湖了，可实际上我离目的地却越来越远……我投宿在云静庵，看着四周群山密布着浓云，风雨交加，担心第二天不能继续行程。

第二天一早，天忽然晴了。我听了向导的话，和两个仆人翻过一座又一座陡峭的山峰，踩着像锋利的刀片一样的石片向上攀爬，我不禁思考：我走过的这些地方连脚都难以容下，怎么能容纳一个大湖泊呢？但从山崖上往下望去，锋利逼人的石片在向我招手，我实在不敢按原路返回了，就和仆人用裹脚布接成布绳，从悬崖上垂下去，接着仆人和我再顺布下去。我本打算下去再找找好走的路，可是我错了，下到石阶，才发现此处只能容我站立，我往下一看，嚯！岩壁非常陡峭，根本无路可走。就在我想再爬上去时，意外发生了——布绳被石头割破，突然断了，我勉强站住，差点儿就跌入万丈深渊了！我们重新把绳子接好，我使劲拽住布绳，腾空跳跃，好不容易才登上了崖顶。唉，我们的衣服鞋子都破了，真是惊险呀！

山顶上居然有湖泊

崇祯五年四月二十九日，我为了探访雁湖，再次来到了心念已久的雁荡山。远远望去，被云雾包裹的雁荡山就像一朵娇艳的芙蓉花，真美呀！可想要登上山顶，也是不容易。我就像被雨神“附体”一般，走到哪，雨就下到哪。骑马过河，水都没过了马肚子。但不管这次有多艰难，我一定要亲眼看到雁湖！你想呀，在陡峭入云的山顶之上，有一个蓝蓝的湖泊，这难道不神奇？在湖水边，还有一群休息的大雁，是不是就更神奇啦？但为了有个好状态，我还是休整了一下。但我也没闲着，还冒雨到访了龙王洞、三台洞、天聪洞。在罗汉寺住了一晚后，一大早，我鼓足干劲，沿着石阶向北登顶，走了好半天，看了几处洼地，洼地中积满了水，水中长着很多杂草，从远处看，绿油油一片。这就是大名鼎鼎的雁湖啦！雁湖这位水源充足的母亲，孕育了石门寺的柔弱小溪、

梅雨潭的纤弱小河，还有宝冠寺健壮的飞瀑！这些溪流原来都和大龙湫（qiū）瀑布毫无相关呀，我终于弄清楚了！

这次探访雁荡山，解开了心中的疑惑，虽然有些艰辛，但是我已无遗憾了！

徐霞客在公元1613年第一次游览雁荡山，寻找雁湖时，因为误信了《大明一统志》错误的记载内容，走错了路。多年后再次来到雁荡山，经其亲身勘察，订正了书中的错误，这种勇于探索、敢于实践、大胆质疑前人经验的精神和勇气，值得我们学习！

JING DIAN SHANG XI

经典赏析

四支之脊①，隐隐隆起，其夹处汇而成洼②者三，每洼中复有脊，南北横贯，中分为两，总计之，不止六洼矣。洼中积水成芜③，青青弥望，所称雁湖也。而水之分堕④于南者，或自石门，或出凌云之梅雨，或为宝冠之飞瀑；其北堕者，则宕⑤阴⑥诸⑦水也，皆与大龙湫风马牛无及云⑧。

——《游雁荡山日记后》初三日

---

① 脊（jǐ）：物体上形状像脊柱的部分。

② 洼：地表的局部低洼部分。因排水不良，中心部分常积水成湖泊、沼泽和盐沼。

③ 芜（wú）：水草丛生的地方。

④ 堕（duò）：落下。

⑤ 宕（dàng）：指雁宕山，今作"雁荡山"。

⑥ 阴：指山的北面。

⑦ 诸（zhū）：许多。

⑧ 风马牛无及云：指风马牛不相及，比喻事物之间毫不相干。

自然传奇

在陡峭高耸的山顶，怎么会出现这样一个美丽的湖泊，并且长有绿油油的芦苇呢？原来是山顶的岩石表面因长年累月的风化剥蚀，变成了一个个小水洼，慢慢地，小水洼连成了一片。同时这里还是降水量很大的区域，连续不断的降雨使得坚硬的岩石水洼成了天然的蓄水池。长此以往，这里聚水成湖，就在山顶形成了一片沼泽。湖水的“成长”，为芦苇提供了生长条件，路过的大雁看到这里景色优美，有吃有喝，怎么能错失这天然的旅店呢？

雁湖就这样在大自然的神奇力量推动下长大啦！

雁荡山，在浙江省东南部。分南北两山：南雁荡山在平阳县西，主峰九峰尖，海拔1237米。北雁荡山在乐清市境，以山水奇秀闻名。有五座山峰，百岗尖最高，海拔1108米，次为雁湖岗，海拔1056米。由流纹岩等构成。名胜集中于北雁荡山，通常所称雁荡山，即指北雁荡。雁湖岗顶有湖，芦苇丛生，结草成荡，秋雁常来栖宿，故称雁荡。面积450平方千米。以奇峰、异洞、瀑布、怪石称胜。灵峰、灵岩、大龙湫(瀑布)，为雁荡风景三绝。为世界地质公园、国家级风景名胜区。

丙辰

万历四十四年｜公元 1616 年

正月二十七日

经白岳，循县而南，至梅口。

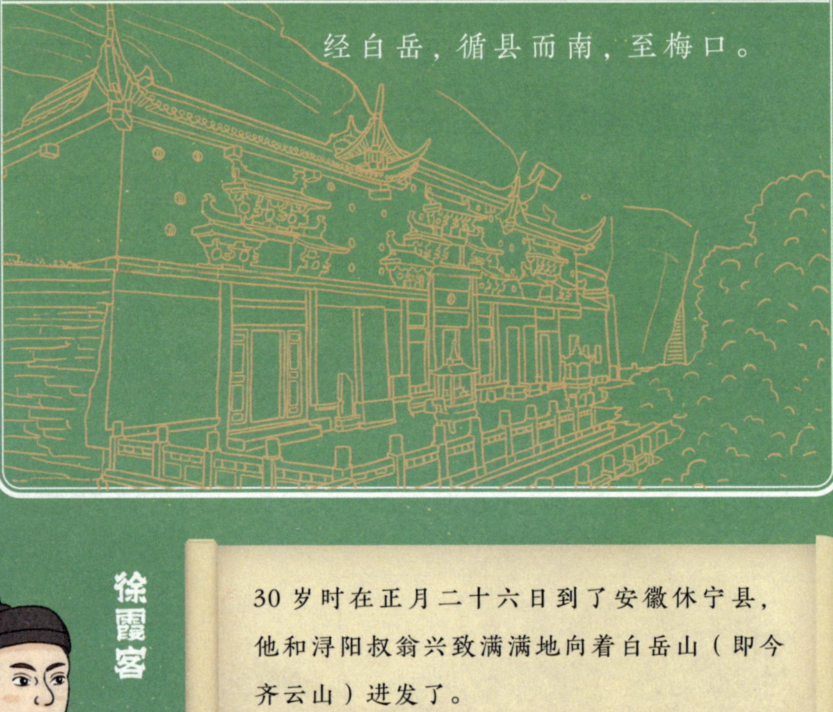

徐霞客

30 岁时在正月二十六日到了安徽休宁县，他和浔阳叔翁兴致满满地向着白岳山（即今齐云山）进发了。

冒雪蹑冰 拜望齐云山

森林里的“交响乐”

在万家灯火、热闹非凡的正月里，我和浔阳的叔翁一起到了徽州府休宁县。想着昨天我们冒着大雪、踩着冰凌，一路奔波，虽然经过了天门、珠帘这样的景点，可这大雪天怪冷的，就没有心情再欣赏了，只听到树林里冰凌掉落，像是奏起了悦耳的交响乐。到了榔梅庵后，我正听着“乐曲”，不料天空又落下来霰雪。浔阳叔翁和童仆都在后面。没办法，我只得躲到山房里过夜了。我听着屋檐的滴水声，直到天明。

雪被子下藏着山

清晨，我早早起床，出门一看，满山的冰花晶莹可爱，被白雪覆盖的树木像玉一样洁白无瑕。可能是冬姑娘怕大山里的动植物冷吧，悄悄为它们盖上了厚厚的雪被。在寒风冷冽的冬季，我爬上北岳山，看着漫天遍野，白茫茫一片，心想这就是此山名为“白岳”的缘故吧！

在风雪交加的环境下，我观赏了香炉峰、赵元帅殿、紫玉屏、三姑峰、五老峰、文昌阁。返回榔梅庵，沿着石崖向前走，泉水向下飞落到石崖外，形成了一扇水珠串成的珠帘，这真是神奇的景象呀！我们走过罗汉洞，到了石崖尽头，这就是传说中的天门，羽士：道士的别称。羽，含有“飞升”之意。旧时因道士多求成仙飞升，故名。

原来是崖石中间有一个空洞，人从洞中走过，就好像是通过一扇高大广阔的大门，所以就称它为天门喽！我碰到一位熟悉地形的**羽士**汪伯化，我们相约明早一起探访五井、桥岩等胜地。

可是呀，天公不作美，晚上冬姑娘又送来了“加厚被”。上午九点多，我和伯化踏雪赏景，天上和地下都是雪白雪白的，真是好看！之后的几天一直下雪，而且越下越大。在这样的雪天，外出观景，身体虽冷，心情却非常舒畅。

是山？还是桥？

二月初一这天，终于晴天了。我按捺不住急切的心情，拉着伯化小心地出发了。走了几十里路，到了外岩，看见了高峻绵延的紫霄岩。山岩都是紫红色的，看起来特别漂亮！外岩的右面，一座山横跨在那里，山的中间是空空的，形成了石桥。我坐在石桥下，想起了天台山的石梁，那是一块巨石架在两山之间，这是一座山高架两边，中间还有如半月样的桥洞，岂不是更神奇啦！穿过了石桥，走一小会儿，就到了内岩。这里不仅有飘洒的飞泉，还有僧人提供斋饭。有吃有喝有美景可赏，这莫不是人间佳境？

这次冬日雪天游览白岳山，真是收获满满啊。就是遗憾因受到从黄山来的僧人的阻拦，没有看成大龙井，这也算是天意了吧！

JING DIAN SHANG XI

经典赏析

起视满山冰花玉树，迷漫[①]一色。坐楼中，适浔阳并[②]奴至，乃登太素宫。宫北向，玄帝像乃百鸟衔泥所成，色黧[③]黑。像成于宋，殿新于嘉靖[④]三十七年，庭中碑文，世庙[⑤]御制也。左右为王灵官、赵元帅殿，俱雄丽。背倚[⑥]玉屏，前临香炉峰。峰突起数十丈，如覆钟，未游台、宕者或奇之。出庙左，至舍身崖，转而上为紫玉屏，再西为紫霄崖，俱危耸杰起。

——《游白岳山日记》二十七日

---

① 迷漫：漫天遍野，茫茫一片，看不分明。

② 并：和；同。

③ 黧（lí）：脸色黑。

④ 嘉靖：明世宗年号（1522—1566）。

⑤ 世庙：指明世宗朱厚熜（cōng）。

⑥ 倚（yǐ）：靠着。

齐云山“限定皮肤”——“紫气东来”

这种紫光闪耀的地貌，有个洋气的名字：丹霞地貌。丹霞，是指天上的彩霞、玫瑰色的云霞。为什么齐云山会有这么高贵大气的限定皮肤呢？齐云山是由中生代晚期白垩纪在陆地沉积的红色岩系组成。它们在断裂塌陷的盆地中堆叠累积，岩石表面因断裂而产生了非常多的断面。由于齐云山处北亚热带气候环境，经受着高温和多次雨水的冲击，这些露在表面的红色岩石，在风化、流水切割与散流冲蚀作用下，就形成了“丹霞地貌”。

踏遍山河

齐云山，古称白岳山，在安徽省南部休宁县城西北 15 千米。海拔 585 米。全山分为月华街、云岩湖、楼上楼三大景区，有三十六奇峰、七十二怪崖，以香炉峰、白岳岭、五老峰、廊岩、紫霄崖等最著。还有小壶天、珍珠帘、云岩湖、石桥岩、真武殿等名胜古迹。林木荫翳，景色秀丽。为国家级风景名胜区。

丙辰

万历四十四年 | 公元 1616 年

二月初六日

觅导者各携筇[①]上山，过慈光寺。

① 筇(qióng)：手杖。

徐霞客

游览了白岳山后，在二月初三到达黄山汤口，在黄山一共待了九天，遍赏风景名胜。

迎风踏雪 两游秀美黄山

没条件？创造条件也要上山

万历四十四年二月初六，这天天气晴朗，我和几个登山经验丰富的人一起向黄山进发。我们踏过像玉一般的石阶，穿过满身挂雪的树林，仰视黄山盘根错节的群峰争奇竞秀。石阶越来越陡，因为背阴，有些地方的雪都冻成了坚硬的冰，非常滑。我独自一人走在前面，用手杖凿冰，挖出一个孔放置前脚，再凿一个孔，来移动后脚。跟着我的人也按着这个方法向前走，终于爬了上去！我看见陡峭的山峰上、险峻的山崖上，都长着形状奇异的松树，它们悬在空中和石头相互绕在一起，真是奇山之中有奇松啊！接下来的几天，我奔走于山中各处，虽遇见浓雾阴雨等恶劣天气，可我不怕，一心坚持游遍各景。这次游览黄山，我勘察了黄山溪流的分布和流向，看到了许多奇形怪状的岩峰和盘根错节的松树，真是收获满满！

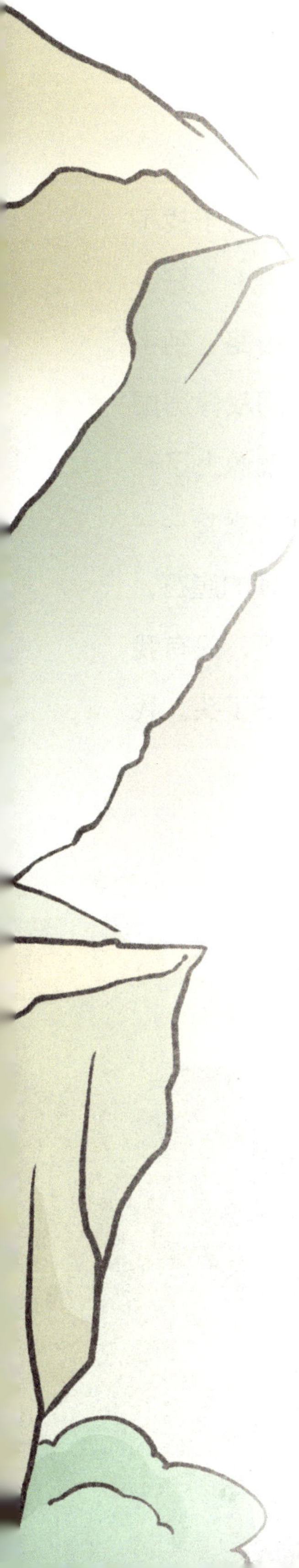

天都峰、莲花峰谁最高？

万历四十六年九月，秋色宜人，我又一次来到了黄山。前两年冬日的黄山之行因为天气的原因，很多风景名胜的真实面目都被茫茫白雪隐藏了，这次我一定要弄清楚天都峰和莲花峰谁才是黄山的最高峰。我登上山头，到了文殊院。文殊院左边是天都峰，右边是莲花峰，距离特别近，仿佛伸手就能碰到。我和遇到的一位云游和尚澄源一起来到天都峰旁，在山石之间爬行而上，要么抓住野草，要么拉着荆棘，穿过陡峭耸立的山崖，相互扶持着来到了峰顶。在澄源的帮助下，我登上大概有数十丈高的直立崖壁。放眼望去，黄山的群峰众岭都在天都峰之下，唯独莲花峰不服气，誓要和它比高低。

初五一大早天刚亮，告别了澄源，我就直奔莲花峰。可我一个外地人，对这个地方实在是不熟悉，正苦于找不到路，隔峰忽然飘来一声："这就是登莲花峰的路！"好，我就听从这一声天外来音，沿着狭小、险峻的山路，到了峰顶。我一瞧，峰顶上一座座巨石对立着，中间就像房屋一样空空荡荡，我沿着其中的石阶穿过石洞，就像上了一座空中楼阁。就在我犹豫着还要往上登时，我的救星——凌虚和尚突然出现了。在他的帮助下，我登上峰顶的崖石，到了山巅。我左瞧瞧，右望望，蓝蓝的天空之下，只有我所在的莲花峰最高，旁边的天都峰也羞愧地低下了头。我终于搞清楚了，黄山奇峰之中，莲花峰**当数老大**！

依据现代地理学者的勘探测量，证实天都峰海拔1810米，莲花峰海拔1864.8米，所以徐霞客以自己的亲身实践，纠正了前人的看法，是一位伟大的地理学家！

JING DIAN SHANG XI

经典赏析

从左上，石峰环夹，其中石级为积雪所平，一望如玉。疏木茸茸[①]中，仰见群峰盘结[②]，天都独巍然[③]上挺。数里，级愈峻[④]，雪愈深，其阴处冻雪成冰，坚滑不容着[⑤]趾。余独前，持杖凿冰，得一孔置前趾，再凿一孔，以移后趾。从行者俱循此法得度。上至平冈，则莲花、云门诸峰，争奇竞秀，若为天都拥卫者。由此而入，绝巘[⑥]危崖，尽皆怪松悬结。高者不盈[⑦]丈，低仅数寸，平顶短鬣[⑧]，盘根虬[⑨]干，愈短愈老，愈小愈奇，不意奇山中又有此奇品也！

——《游黄山日记》初六日

---

① 茸茸：形容草又短又软又密。

② 盘结：旋绕。

③ 巍（wēi）然：形容山雄伟的样子。

④ 峻：险峻。

⑤ 着（zhuó）：放置。

⑥ 巘（yǎn）：山峰，山顶。

⑦ 盈：多出；满。

⑧ 鬣（liè）：松针。

⑨ 虬（qiú）：盘曲的枝条。

黄山的“奇特”骨骼

黄山一直以来都被称为“天下第一奇山”，风景秀丽，以奇松、怪石、云海、温泉著名，并称“黄山四绝”，七十二峰各具特色。

那黄山为什么这么奇特呢？这还要从它奇特的骨骼说起。黄山的山体主要是由花岗岩构成的，花岗岩是酸性岩浆岩中的侵入岩，主要由石英、长石和少量深色矿物组成。这种岩石硬度较高，耐热稳定性、抗腐蚀性高，更有很好的耐磨性。所以它抗风化剥蚀、流水侵蚀的能力强，容易形成陡峭、险峻的地势。在大自然的作用下，黄山凭借着坚硬的骨骼，就形成了异乎寻常的奇峰怪石。

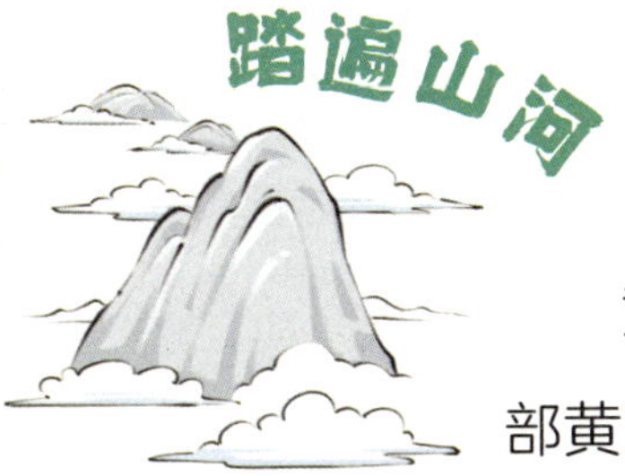

黄山古称“黟山”，唐改黄山。在安徽省南部黄山市境。由花岗岩构成。青弋江上游源地。南北长约 40 千米，东西宽约 30 千米。有三大主峰：莲花峰 (1864.8 米)、光明顶 (1841 米)、天都峰 (1810 米)。有玉屏楼、云谷寺、半山寺、慈光阁、始信峰、天都峰、莲花峰、仙人洞、白鹅岭、百丈瀑等名胜古迹。明著名旅行家徐霞客曾有“薄海内外，无如徽之黄山。登黄山天下无山，观止矣”的赞语。特产“黄山毛峰”茶、灵芝。为世界地质公园、国家级风景名胜区和自然保护区，并以自然和文化双重遗产的身份列入《世界遗产名录》。

丙辰

万历四十四年 | 公元 1616 年

二月二十一日

出崇安南门，觅舟。

徐霞客

用了三天时间，畅游了武夷山的大小景点。这次旅行，他主要以舟行为主，在小舟上观赏景致，在陆地上探索细微，水陆兼行，纵情游玩。

游溪登崖 拥抱武夷山

山溪共舞

为了不耽搁时间，我风风火火、一刻不停地往武夷山赶。用了十天的时间，终于到了崇安。想要进入武夷山，需要走水路，所以在这里我找了一只小舟，开始了我的武夷山之旅。

我从九曲溪出发，先顺流，接着逆水前行。船夫光着脚丫在水里拉着小船缓缓前行。我坐在小船上，看着沿途的风光，非常惬意。

首先呢，我们来到第一曲，右边有歪躺着的幔（màn）亭峰、“立正站好”的大王峰，左边有狮子峰、观音岩。这里有一块靠近小溪的水光石，上面有好多文人的题记，真是充满了文化气息呀！小船不知不觉中来到了第二曲。右边是铁板嶂（zhàng）、翰墨岩，左边是兜鍪（móu）峰、玉女峰。小船漂呀漂呀，来到了第三曲。右边是会仙岩，左边是小藏峰、大藏峰。大藏峰的岩端有很多石孔，乱插着很多木板就像织布机一样。有一个小船斜架在石孔的木板末端，这个地方叫“架壑（hè）舟”（古代当地的一种葬具，俗称船棺葬、崖墓）。第四曲的右边是钓鱼台、希真岩，左边是鸡栖岩、晏仙岩。卧龙潭碧绿幽深，它右边是大隐屏、接笋峰，左边是更衣台、天柱峰，这就是第五曲的风光。这接笋峰呀，山腰横着两截断痕，像竹笋一样，所以叫“接笋峰”。小船划呀划呀，就到了第六曲。右边是仙掌岩、天游峰，左边是晚对峰、响声岩。

第二天我没有坐小船，而是走山路，见到了第七曲右边的三仰峰、天壶峰，左边的城高岩。我边走边看，到了第八曲，右边是鼓楼岩、鼓子岩，左边是大廪（lǐn）石、海蚱石。下山后，登上楼阁向南看，我看到九曲溪的上游中间有一块陆地，溪水从西边流过来，分开又合成一体。小洲之外有两座山峰直立，这里就是九曲溪的尽头了。岩峰北边的尽头有一处岩峰非常奇特：上面和下面都是陡峭的岩壁，岩壁间横着一块平地。这块平地很窄，我就趴下像小蛇一样爬过去，越爬越窄，我只能佝偻着背往前爬。山坳外是特别深的岩壁。我就这样爬呀爬，经过了危险的地方，到了外面。

经过三天的走走停停、爬上跳下，我遇水坐船，遇山爬山。遇到绝壁，没有路，我就踩着贴着岩壁的木板走，要是连木板都没有，我就手抓着铁索，脸贴着石壁，脚踩着崖间凿开的石坎向前走。因为听信当地人的错误说法，走错了路，却意外观赏了新的风景，也是不错的体验！到了赤石街，我坐上小船，返回了崇安。

JING DIAN SHANG XI

经典赏析

登楼南望，九曲上游，一洲[①]中峙[②]，溪自西来，分而环之，至曲复合为一。洲外两山渐开，九曲已尽。是岩在九曲尽处，重岩回叠，地甚[③]幽爽。岩北尽处，更有一岩尤奇：上下皆绝壁，壁间横坳[④]仅一线，须伏[⑤]身蛇行，盘[⑥]壁而度[⑦]，乃可入。余即从壁坳行；已而渐低，壁渐危[⑧]，则就而伛偻[⑨]；愈[⑩]低愈狭，则膝行蛇伏，至坳转处，上下仅悬七寸，阔止尺五。坳外壁深万仞[⑪]。

——《游武夷山日记》二十二日

---

① 洲：河流中由泥沙淤（yū）积而成的陆地。
② 峙（zhì）：耸立。
③ 甚（shèn）：很；极。
④ 坳（ào）：山间平地。
⑤ 伏：身体向前靠在物体上；趴。
⑥ 盘：回旋地绕。
⑦ 度：经过。
⑧ 危：高。
⑨ 伛偻（yǔ lǚ）：腰背弯曲。
⑩ 愈（yù）：越；更加。
⑪ 仞（rèn）：古代长度单位。

自然传奇

武夷山在江西、福建两省边境，是东北—西南走向。北面连接仙霞岭，南面连接九连山。武夷山是一座很神奇的山，它用身躯做了一道天然的屏障，为江西和福建人民带来了不一样的夏与冬。

夏天的时候，大海上吹来一阵阵暖湿气流，时不时地还刮个台风，武夷山这时候就挡住了风暴，所以呢，它的东坡呀，就又刮风又下雨，降水量足足有 1500—2000 毫米。而西坡的有些地区因为武夷山的“抵挡技能”，降水量就明显减少啦！

到了冬天，武夷山又再一次发挥力量，挡住西北面吹过来的寒流，这就使得福建比江西温度高了 3-4℃。大自然可真神奇呀！

踏遍山河

广义的武夷山在江西、福建两省边境。东北—西南走向。北接仙霞岭，南接九连山。赣江、闽江分水岭。由各类火山岩、花岗岩构成。海拔 1000—2200 米。主峰黄岗山 (2160.8 米) 在福建省武夷山市西北。狭义的武夷山在武夷山市西南 10 千米。为红色砂岩构成的低山，海拔 600 米左右。为福建省第一名山。福建省内喀斯特地貌景观集中地。有三十六峰、九十九岩、九曲溪、桃源洞、流香涧、卧龙潭、虎啸岩等名胜和冲祐万年宫 (武夷宫)、紫阳书院 (武夷精舍) 旧址及历代摩崖题刻。为国家级风景名胜区。特产“武夷岩茶”、方竹及灵芝。有国家级自然保护区 (有角怪、金斑喙凤蝶等珍稀动物)，为世界文化与自然双重遗产，并列入《世界遗产名录》。

紫阳书院，在福建武夷山隐屏峰下。始建于南宋淳熙十年 (1183)。原称武夷精舍。朱熹曾授徒讲学于此。南宋末年扩建，改称紫阳书院。明正统十三年 (1448) 改称朱文公祠。

戊午

万历四十六年 | 公元 1618 年

八月二十一日

别灯，从龛（kān）后小径直跻[①]汉阳峰。

①跻(jī)：攀登。

徐霞客

八月十八日，与其哥哥雷门、白夫，到达江西九江。次日，从北麓登山，徐霞客在山中待了五天，游览了很多胜景。

雄阔壮丽 见识庐山真面目

百闻不如一见

为了攀登汉阳峰，可真是费了点力气。我拉着茅草、拽着荆棘向上爬了二里地，终于到了汉阳峰顶。我想，这就是庐山第一高峰的气魄吧，周围的山呀，只有北面的桃花峰与之并肩而立。其他的山都对汉阳峰低头服输喽！此时我站在汉阳峰顶，才看清了庐山的景色啊。

早就听说庐山之中的五老峰非常壮丽，很多到过此处的人都对它竖大拇指，可是听人说那么多，不如自己去瞧瞧。所以我下了山，向着下

一个目标——五老峰前进。我走到岭角，抬头看，咦，这峰顶怎么这么平坦呢？我有些好奇，赶忙往上爬，到了峰顶，就感受到了大风呼呼刮，没有看见流水。四周静悄悄的，没见到有人居住。为了看清楚五老峰的真面目，我前前后后、左左右右、上上下下看了个遍：五老峰的北面与一个低平的山冈起伏相连；而山的南面呢，则是从最高峰平行剖开，分成五个大峰，向下看深不可测。因为外围没有其他山峰遮挡，视野特别开阔。这五座山峰长得都不一样，非常壮观，怪不得游览过的人都说它壮丽奇异呢！

赏泉居然这么难

觉知和尚说三叠泉瀑布超级美，就是这路啊特别难走，就催着我快点出发。我向北走了一会儿，发现没有路了，就渡过溪涧，沿着岸边走。哎呀，岸边的小路也没有了，我就只好踩着小溪里的石头走。有的石头圆圆的，一踩刺溜滑，一不留神就会摔倒；有的石头尖尖的，扎破了我的鞋子，硌得我脚丫子生疼呀！一路磕磕绊绊，走了一会儿，

我才到了绿水潭，正好歇一会儿，看看风景。这绿水潭真是又深又绿呀，上面的涧流怒气冲冲地向下奔，就像白雪一样撞到石头上，散成白白的花朵；那潭里深青色的水呀，就静静地看着上面的水流表演。我先前又走了一会儿，见到了绿水潭的大哥——大绿水潭。大绿水潭流量更大、力量更足！我往下一看，根本看不见底，就听见一阵阵响雷般的声音，震得我头昏眼花，心里发毛，也不知道这泉水冲谁去了。想看清这泉水，真是不容易，四周的崖石把它遮得什么也看不见。聪明的我怎么会想不到办法呢？我爬到对面的峭壁上，往下看，一级、二级、三级，这下我终于看清了这三叠泉的面貌。

这次庐山之行，我游览了东林寺、大林寺等古寺，观赏了庐山瀑布、佛手岩、白鹿台、文殊台等胜景。经过努力，我把庐山里里外外、前前后后、上上下下逛了个遍，真开心呀！

JING DIAN SHANG XI

经典赏析

余始至岭角，望峰顶坦夷[①]，莫详五老面目。及至峰顶，风高水绝，寂无居者。因遍历五老峰，始知是山之阴，一冈[②]连属[③]；阳则山从绝顶平剖[④]，列为五枝[⑤]，凭空下坠者万仞，外无重冈叠嶂[⑥]之蔽[⑦]，际目[⑧]甚宽。然彼此相望，则五峰排列自掩[⑨]，一览不能兼收；惟登一峰，则两旁无底。峰峰各奇不少[⑩]让，真雄旷之极观也！

——《游庐山日记》二十一日

---

① 坦夷（tǎn yí）：宽而平坦。

② 冈：较低而平的山脊。

③ 连属：连接。

④ 剖（pōu）：从中切开。

⑤ 枝：同“支”，分支。

⑥ 重冈叠嶂：重重叠叠的山峰。

⑦ 蔽：遮挡。

⑧ 际目：视野。

⑨ 掩：遮盖；掩蔽。

⑩ 少：稍微。

自然传奇

“轻纱遮面”——害羞的庐山姑娘

庐山全年平均有雾日是 192 天。她就像是一个害羞的姑娘，经常戴着厚厚的云雾面纱，调皮地躲躲藏藏，使得人们不容易看清她的真实面目。

庐山为啥云雾这么多呢？庐山姑娘的面纱是怎么形成的？

首先呀，是因为庐山处在一个特殊的地理位置，她耸立在鄱阳湖、长江边上，周围的江河、湖泊为她送来了充足的水汽，为云雾的形成提供了条件；其次呢，庐山属于亚热带季风性气候，降水量充足，空气湿度大，这是庐山云雾多的基础；最后从地形来看，庐山山峰相较于周围地区来说海拔较高，这就使得从鄱阳湖、长江飘来的水汽受到了山地不同程度的阻挡，随着山势升高而被抬升，就形成了浓浓的云雾。

庐山，亦称“匡山”“匡庐”。相传殷周时期有一对匡姓兄弟盖房子、隐居山中，因而得名。庐山地处江西省九江市南部，是古老变质岩断块山。山中群峰林立、林木葱茏、云海弥漫，集雄奇秀丽于一身，自古有“匡庐奇秀甲天下”的美誉。它是中华十大名山之一、世界地质公园、世界文化遗产，列入《世界遗产名录》。特产有石鸡、石耳、“庐山云雾茶”等。

庚申

万历四十八年 | 公元 1620 年

六月初八日

出莆郡西门，西北行五里，登岭，四十里，至莒溪，降陟不啻数岭矣。

徐霞客

他用了六月初八、初九两天的时间，游历了福建仙游县九鲤湖。在日记中，他详细描绘了瀑布的水流变化。

烈日当头 揭开九鲤湖之谜

成功孩子背后的伟大妈妈

川蜀、粤广、关中一直是我向往的地方，但母亲年迈、路途遥远，所以一直没有成行。

父亲不幸离世后，母亲一个人操持家里大大小小的事务。她不仅勤劳质朴，还有着博大的胸襟、开阔的眼界。在那个追求仕途的年代，母亲没有强迫我走科举之路，而是鼓励我要走出家门，去外面看看。她时常教导我：“好男儿志在四方，怎么能做被篱笆困住的小鸡、畏缩在车辕下的小马呢。”为了不让我担心，她只是淡淡地说：“你尽情出去看外面的世界吧，只需要回来给我讲讲你在外的旅行经历，画一画你看到的美丽景色就好了，你尽管去吧，不用挂念我。”在我二十多岁准备外出的时候，母亲亲手

为我制作了远游冠，给我加油打气。

就这样，我每次出行之前都做好计划，带好旅途会用到的东西，出去一次也就 20 多天，有时候我走个七八天就回来看看我的母亲，给她讲讲我在外面看到的美景、遇到的有趣的人、发生的有趣的事，她听得可认真了，我讲得也很开心！

九帘瀑布一河造

现在母亲年事已高，我不方便外出时间过长，所以决定就近旅行一番，我便和徐芳若叔叔一起开始了九漈之游。

漈（jì）是福建一带的方言，指的是瀑布。那九漈就是九帘瀑布啦！

在大太阳的猛烈进攻之下，大家热得汗如雨下，真是有点吃不消了。走了好久，转了几个弯，我们来到了第一帘瀑布——雷轰漈。涧水从蓬莱石旁边流出，水底的石头就像磨刀石一样超级光滑。稍微往下一些，平整光滑的水底多了很多小洼坑。缓慢流动的涧水到了这里突然下落到湖里，气势宏大。我想这些洼坑应该是流水冲击的杰作吧！九鲤湖不是那种水势浩大的湖泊，而是在群山之间的一片清澈碧绿，绿树围绕、清波荡漾，这就是大自然造物主的神奇之处吧。

接着寻找九漈的尽头。我看到水势汹涌奔流的第二漈瀑布，见过了第三漈的珠帘泉，也和瀑布一样水势凶猛。接着往下走，只见珠帘泉从倾斜的石壁上冲击而下，玉箸（zhù，筷子）泉从旁边的水雾之中沸腾涌出。两帘瀑布相互映照，下面的潭水清澈碧绿，真是风景这边独好！芳若叔不愿意再和我一起走，跑到峡口等我。我自己一个人顺着山涧往下走，不一会儿，路就断了，我蹚过水往左走，到了第五漈的石门。两边的山崖向中间紧靠，只留下一线天，下面山泉水哗哗地奔腾流淌，上面有云雾遮盖。我试着在中间攀爬，像个小猴子一样，寒冷的风可劲地刮，给我冻得差点儿掉下去。

出了第五漈，山势渐渐开阔。而第六漈五星、第七漈飞凤、第八漈棋盘石、第九漈将军岩，都是按着顺序得名的。这一带景物灿烂、鲜艳、美丽，人们能在游玩山水中得到情趣，根本不需要刻意追寻它们的行迹。涧水顺着峡谷的走势奔流，无拘无束，自由自在，一条河流从岩壁飞奔而下形成了九条瀑布，有的水流积聚成潭，有的水流形成清泉，水真是大自然中的能工巧匠！后来我又游览了峻峭的石竹山，走了常人没有走过的道路，见到了常人没有见过的风景，下山后，出了横路，返回家乡。

JING DIAN SHANG XI

经典赏析

南过通仙桥，越小岭而下，为公馆，为钟鼓楼之蓬莱[①]石，则雷轰漈在焉。涧出蓬莱石旁，其底石平如砺[②]，水漫流石面，匀如铺縠[③]。少下，而平者多洼，其间圆穴，为灶，为臼[④]，为樽[⑤]，为井，皆以丹名，九仙之遗也。平流至此，忽下堕湖中，如万马初发，诚有雷霆之势，则第一漈之奇也。九仙祠即峙其西，前临鲤湖。湖不甚浩荡，而澄碧一泓[⑥]，于万山之上，围青漾翠，造物之酝灵亦异矣！

——《游九鲤湖日记》初八日

---

① 蓬莱（péng lái）：古代传说东海中的神山之一，是神仙住的地方。泛指仙境。

② 砺（lì）：磨刀石。

③ 縠（hú）：有皱纹的纱。

④ 臼（jiù）：舂米的器具，用石头或木头制成，中部凹下。

⑤ 樽（zūn）：古代盛酒的器具。

⑥ 一泓（hóng）：清水一道或一片叫一泓。

九鲤湖位于福建省莆田市仙游县钟山镇，以湖、洞、瀑、石四奇著称，其中飞瀑的景致最好看，素有“鲤湖飞瀑天下奇”的美誉。

据传说，有九个姓何的兄弟在这里炼丹、救助百姓，等丹药炼好，他们就跨着鲤鱼升仙啦。九鲤湖是我国祈梦文化的发源地，作为流传时间最长、影响最广的掌管梦的神灵何氏九仙，是很多人心中尊敬的梦神。历代很多达官贵人、文人墨客，如北宋书法家蔡襄、明代文学家唐伯虎、地理学家徐霞客等都来过这里游览、祈梦。

祈梦文化历经千年，很多文学家、小说家、学者对九鲤湖的祈梦文化有过生动的描绘，为九鲤湖披上了一层神秘而美好的面纱。

癸亥

天启三年 | 公元 1623 年

二月二十一日

晨，谒[1]岳帝。出殿，东向太室绝顶。

[1] 谒（yè）：请见。一般用于下对上、幼对长，或用作谦辞。

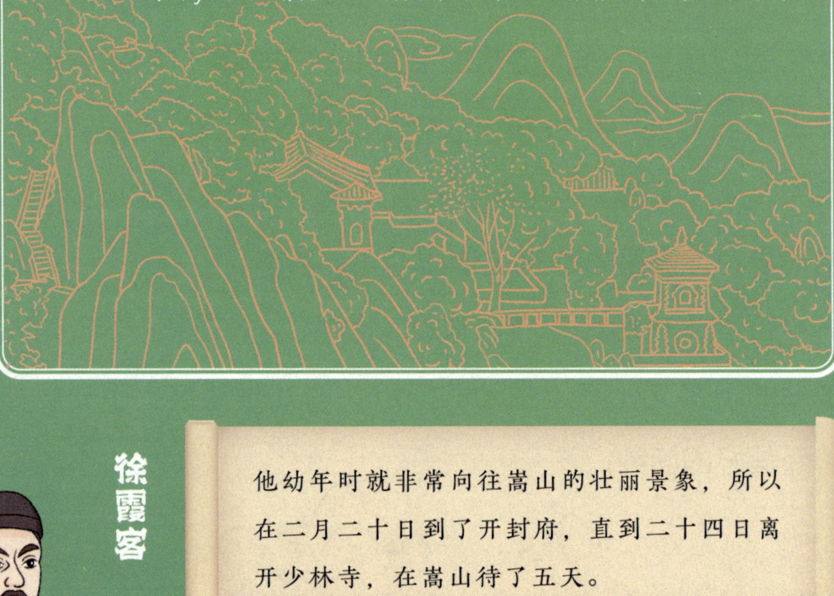

徐霞客

他幼年时就非常向往嵩山的壮丽景象，所以在二月二十日到了开封府，直到二十四日离开少林寺，在嵩山待了五天。

心向往之 拜谒中岳嵩山

不对称的两条眉毛

在我很小的时候，我就期待着有一天可以登览“五岳”，其中“中岳”嵩山是我最想攀登的。做好计划，说走就走。二月初一我从家出发，走了十九天，终于到了河南登封，然后翻山越岭，好不容易赶到了坐落在嵩山脚下的中岳庙。

嵩山呀，不是一座山，而是由太室山、少室山等组成的。远看太室山和少室山就像是嵩山的一对眉毛，可这对眉毛大不相同。太室山雄伟高峻，像一个背靠屏风的帝王，精力充沛，风度不凡；少室山呢，岩石突兀、重叠，像个瘦骨嶙峋的老人。

壮丽浓眉——太室山

太室山这么大，我对路也不熟悉，于是就找来一个打柴的樵夫给我做向导，一起上绝顶。山路非常险要，路窄得跟一条线一样，只能一点儿一点儿向上爬。今天天气也不好，浓雾阻拦了我前进的路，但是我还是坚持向前走。幽深的地方道路不畅通，畅通的地方吧，又没啥好看的景色。我一边走，一边看，就上了登高岩。这里有又深又大的洞穴，我跟着向导在洞中走，突然前面没有路了，我还在想怎么办，只见老樵夫像猿猴一样敏捷地侧身一跳，就到对面去啦。接着他拖过来两棵树给我搭桥，我才过了断崖。向北又走了几里路，到了绝顶。

我问向导怎么下山，向导说你想不想尝试“滑”下去呢，这样可以节省路程，就是道路非常难走。我一听，立马开心了，我原来以为嵩山没啥奇特的，居然还能滑行，我怎么能不试试呢，赶紧催着向导出发。但是呢，大家别误会了，这可不是像小朋友滑滑梯那么简单，过程可谓惊险刺激。一开始，我们还倚靠着岩石，推开草木往下走。接着我们就在两石峡中一路滑行，看着两边的景色越来越神奇。因为是垂直的沟谷，根本没有石梯，别说没法走了，我停都停不下来啦！我下了一个峡谷，接着转到另一个峡谷，我眼睛只盯着前方，脚也不能停。就这样冲了十里路，出了峡谷，才到了平地。

高耸剑眉——少室山

二十三日，云雾都散尽了，趁着好天气我开始登南寨。我从寺南出发，到了二祖庵，忽然发现这里的山只有石头没有土。我拄着拐杖往前走，越走路越窄，好不容易到了崖底。我又往上走，到了几乎没有人来过的炼丹台，从这我沿着石脊往上爬，手脚并用，终于登上了大峰。没想到大峰这里非常宽阔平坦，刚刚一路都是岩石，现在又突然都是土。我在草丛荆棘里深一脚浅一脚地走呀走，走了半天，登上了南寨顶。其实南寨是少室山的北顶，相对于少林寺而言在南面，所以叫南寨。少室山的山顶是从中裂开的，分成了南北两个部分，南部比北部山崖高。两座山顶相距很近，中间是万丈悬崖。两面悬崖相夹的中间有一座独峰，高于群峰之上，这就是摘星台。我脱了衣服顺着路，登上了绝顶。东西两面都是深不见底的深坑，一阵狂风刮过，我好像一根羽毛一样要随风飞去。

这一趟嵩山之行圆了我儿时的梦想，开封府的风土人情、地势变换都给我留下了深刻的印象，揭开了站在天地正中的嵩山的隐秘面纱。在龙门山，我还观赏了石窟，下了山，看到山前人挨人、车碰车，我顺着路向下一个目的地——华山奔去！

JING DIAN SHANG XI

经典赏析

出殿，东向太室绝顶。按嵩当天地之中，祀秩[①]为五岳首，故称嵩高。与少室并峙，下多洞窟，故又名太室。两室相望如双眉，然少室嶙峋[②]，而太室雄厉称尊，俨若[③]负扆[④]。自翠微以上，连崖横亘[⑤]，列者如屏，展者如旗，故更觉岩岩[⑥]。

——《游嵩山日记》二十一日

---

① 祀秩：依礼分等级举行祭祀。

② 嶙峋：形容山石等突兀、重叠。

③ 俨若：十分像。

④ 扆（yǐ）：画斧的屏风。天子见诸侯时，背依画斧的屏风南向而立，所以叫作负扆。

⑤ 横亘（gèn）：（桥梁、山脉等）横跨、横卧。

⑥ 岩岩：高峻的样子。

登封市，在河南省中部、颍河上游。武周万岁登封元年 (696 年) 改嵩阳县为登封县。《元和郡县志》：“万岁登封元年，则天因封岳，改为登封。”名胜古迹有阳城遗址、嵩山、中岳庙、少林寺、嵩阳书院、嵩岳寺塔、观星台等。

少林寺，中国佛教寺院。在河南登封北少室山北麓五乳峰下。建于北魏太和十九年 (495 年)。孝昌三年 (527 年) 印度高僧菩提达摩来寺，传授佛教禅宗，遂成为禅宗祖庭。唐以后，僧人常习武艺，以少林派拳术著称。寺内多唐宋以来石刻、壁画、金属铸器等珍贵文物。寺西塔林，有历代住持和尚墓塔 230 余座，是中国最大的墓塔群。西北有宋代创修的初祖庵，庵后有达摩洞，传为菩提达摩面壁九年 (一说十年) 处。为全国重点文物保护单位。

嵩阳书院，在河南登封太室山。原为北魏太和年间始建的嵩阳寺。隋唐时改为嵩阳观。五代周改为太乙书院，北宋太宗时改称太室书院，并赐“九经”。

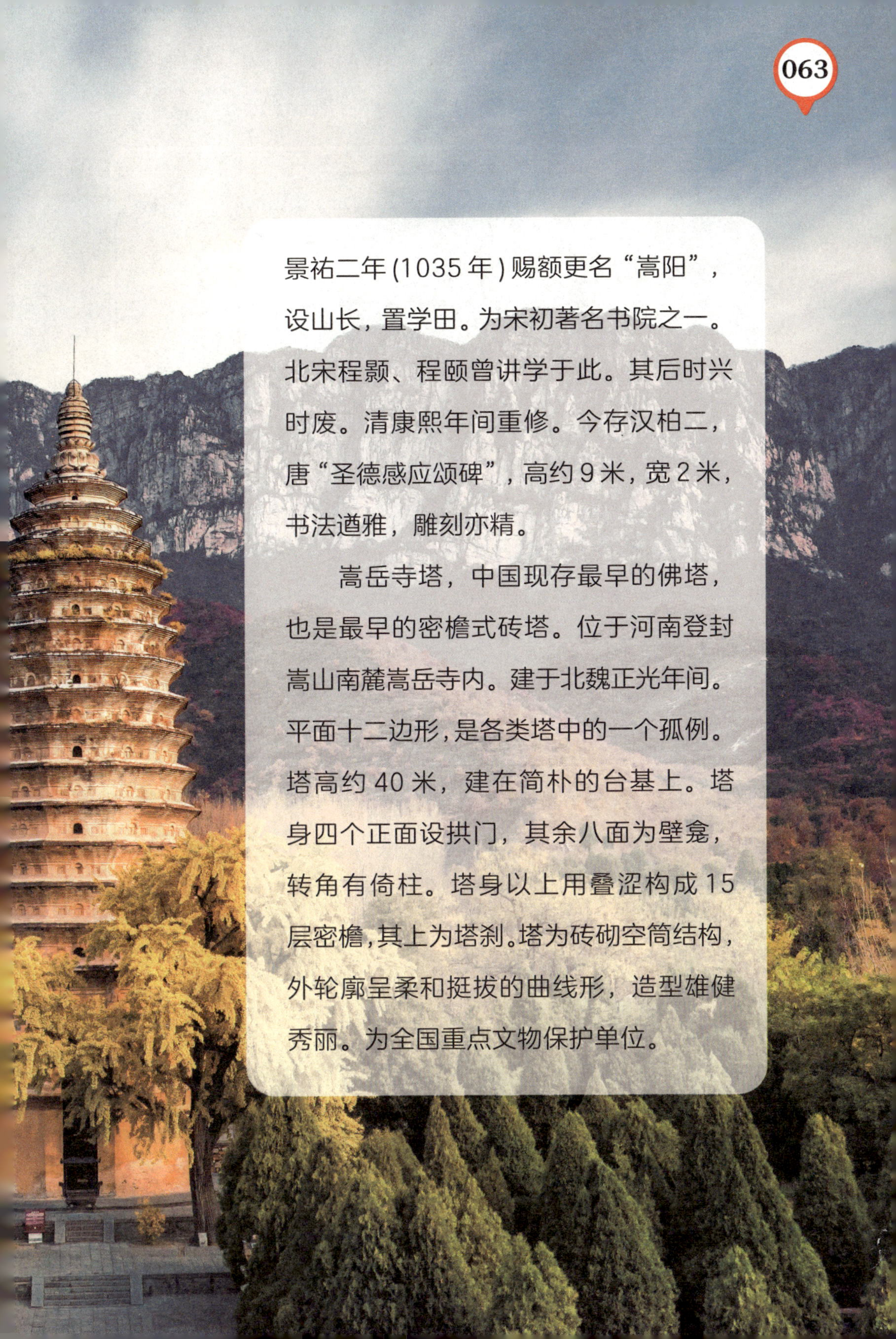

景祐二年(1035年)赐额更名“嵩阳”，设山长，置学田。为宋初著名书院之一。北宋程颢、程颐曾讲学于此。其后时兴时废。清康熙年间重修。今存汉柏二，唐“圣德感应颂碑”，高约9米，宽2米，书法遒雅，雕刻亦精。

嵩岳寺塔，中国现存最早的佛塔，也是最早的密檐式砖塔。位于河南登封嵩山南麓嵩岳寺内。建于北魏正光年间。平面十二边形，是各类塔中的一个孤例。塔高约40米，建在简朴的台基上。塔身四个正面设拱门，其余八面为壁龛，转角有倚柱。塔身以上用叠涩构成15层密檐，其上为塔刹。塔为砖砌空筒结构，外轮廓呈柔和挺拔的曲线形，造型雄健秀丽。为全国重点文物保护单位。

癸亥

天启三年 | 公元 1623 年

三月初一日

入谒西岳神，登万寿阁。

向岳南趋十五里，入云台观。

徐霞客

他在二月的最后一天到达潼关，然后在华山北麓的西岳庙住下，用了三天时间，游览了华山的景致。

攀峰下水
遍览西岳华山

东、南、西、北峰各不同

告别了嵩山，我又马不停蹄地往华山进发，二月底就到了潼关。还没进入潼关的时候，在百里之外就看见了高耸入云的华山；等进了潼关之后，周围的小山岗把华山遮住了，反而看不见了。走了二十里路，突然像一朵朵美丽的荷花一般的华山山峰出现在了眼前，不经意间我都已经到华山脚下了。我进庙拜过西岳之神后，找来一位向导，开始了对华山的深入探索。我跟着向导顺着山谷到了莎萝宫、过了廖阳桥，抓着锁链登上千尺幢，又爬上老君犁沟、过了猢狲岭，又走了五里，就到了北峰——白云峰。这座山峰悬立在深谷中，三面都是非常陡峭的岩壁。

第二天我登上南峰绝顶，上面有一个小洞，道士说那是仰天池，旁边还有黑龙潭。从西面下了山，我又登上了西峰，山峰上有很多又窄又薄的像荷叶一样的石片盖在岩石上。神奇的是，旁边有一座阁楼盖在一个很深的玉井上，我也搞不懂为啥这样做。我登上东峰，从南面的山崖悬空而下，就看到了一座小平台耸立在特别陡的深谷之中，它就是棋盘台。我登上棋盘台后，从原路下了山。因为天越来越黑，华山的很多支峰没来得及登。

走水路见华山沿途风采

观赏了华山各峰的奇美景色，我决定下山再看看山脚下是不是还有“隐藏福利”。从华阴县西城门出发，我顺着小路走呀走，进了一个深谷，这里岩壁林立，非常狭窄，我沿着山涧向南走，一会儿跑到东，一会儿走到西，在岩石缝里穿来穿去，就像在江上驾船一样，得不停地转变行进方向。要说这华山可真是神奇，山峰各异，山脚下竟还有这样的景致。

走过山谷，登完乱岭，我顺着华阳川流开始了华山周边的游览之行。其间经过了种满稻田的村庄，也在山里热

石：全称“市石”。市制中计量液体和干散颗粒体容量的单位。1石=10斗=100升。

情的村民家中借过宿。从华阳川往南走，水势越来越大，沿途的风光也开始变化。沿着溪流在老君峪中走呀走，突然下起了大雨，把我浇了个透心凉，便在老君山台口住下了。

沿着溪流向东走，我到了龙驹寨。看到路上人来人往，商人、货物、骡马，非常热闹。溪流中停放的板船，能承载五**石**的重量。我找好了船，刚准备出发，没想到又下起了大雨，船也没法走了。第二天一早，我坐着小船，继续前行。没过多久，大雨来临，便将船停在了小影石滩。初九那天，我坐着小船继续前行。小船在汹涌的江流中漂荡着，两岸桃花、李花争相开放，山峰连绵秀美。我坐在船头，晒着太阳，看着两岸的美景，感觉自己像神仙一样轻松快乐。在路上，船夫停了很多次船，用自己带的盐和岸上的人们交换木柴和竹子，好神奇的交换方式呀！后来，我们到了莲滩，大浪一下子扑进了船舱，包袱、箱柜都被水打湿了，我们也成了落汤鸡。船又走了很久，到了石庙湾，我上了岸，找到了旅店，准备休息一下，再向着下一座山峰行进。

JING DIAN SHANG XI

经典赏析

觅导于十方庵。由峪[①]口入，两崖壁立，一溪中出，玉泉院当其左。循溪随峪行十里，为莎萝宫，路始峻。又十里，为青柯[②]坪，路少坦。五里，过寥阳桥，路遂绝。攀锁上千尺幢[③]，再上百尺峡。从崖左转，上老君犁沟，过猢狲[④]岭。去青柯五里，有峰北悬深崖中，三面绝壁，则白云峰也。舍之南，上苍龙岭，过日月岩。去犁沟又五里，始上三峰足。望东峰侧而上，谒玉女祠，入迎阳洞。道士李姓者，留余宿。乃以余晷[⑤]上东峰，昏返洞。

——《游太华山记》三月初一日

---

① 峪（yù）：山谷。

② 柯（kē）：草木的枝茎。

③ 千尺幢：是华山的咽喉。两面是陡峭的石壁，中间是一条狭窄的石缝，凿出了非常陡的台阶，每级台阶的宽度不过三分之一的脚掌，两边石壁上挂着铁链供人们牵拉。

④ 猢狲：猴子，特指猕猴。

⑤ 余晷（guǐ）：这里指剩下的时间。

自然传奇

华山的成长过程实录

华山从“出生”到“成长”为今天的模样，可是花了好长好长一段时间。

在距离今天 27 亿年 ~23 亿年前，华山地区还是一片浩瀚的大海。

到了距今 25 亿年 ~5.7 亿年的时候，受到南北方向强烈挤压运动的作用，华山地区的大海面积慢慢缩小，陆地面积开始扩大，华山小宝宝诞生了。

又过了很多年，海域面积不断减少，直到消失，华山地区基本上全部都变成了陆地。

后来在距今 0.65 亿年时，华山地区的地壳开始升降，山体的中部出现了很多断层，这就把华山切割成了很多长条断块，每一块断块也在不断地错动着，催促着华山宝宝快速长高。

同时太阳、水、风也来凑热闹，对华山的花岗岩肌肤不断地风化、剥蚀、搬运，让华山宝宝的脸变得更加亮丽。

经过几百万年的磨砺，小小的华山宝宝吸收了内力和外力提供的“丰富营养”，终于长成了一个英俊的美少年！

华山，在陕西省东部。属秦岭东段。花岗岩断块山。因远望像花，故名华山。主峰太华山，古称“西岳”，在华阴市南，海拔 2154.9 米。莲花（西峰）、落雁（南峰）、朝阳（东峰）、玉女（中峰）、云台（北峰）五峰耸列，南峰最高，峻秀奇险。沿登山磴道，有玉泉院、桃林坪、青柯坪、擦耳崖、百尺峡、群仙观、苍龙岭、玉女祠、南天门、朝元洞、全真崖等名胜。沿途山路崎岖，上接蓝天，下临绝壑。诸峰间仅南北一径，有“自古华山一条路”之说。北麓有西岳庙。为国家级风景名胜区。

华阴市，在陕西省东部、渭河下游。秦置宁秦县，西汉改华阴县。市南“西岳”华山，峻秀奇险。山下有西岳庙。

癸亥

天启三年 | 公元 1623 年

三月十三日

日将晡，竭力造金顶，所谓天柱峰也。

徐霞客

三月十一日，进入湖北境内，十三日开始攀登武当山。十五日下山，返回北麓草店。二十四日，坐船沿汉水、长江，于四月初九到家。

神秘秀美 探访武当山

登绝顶求榔梅

离开华山，我顺着汉水到了岭南的均州境内，准备到武当山一探究竟。走了几天，我来到了太和宫。在太阳快落山的时候，我努力地爬上了金顶，也就是天柱峰顶。天柱峰在众峰之间，独自美丽。峰顶上有一块平地，我看了一下，长宽都有八尺到一丈那么长。平地上立着一座金殿，里面供奉着真武大帝和他的四位将领，香炉、几案都有，而且都是用金子做成的。

第二天早上，我换了衣服登上了金顶。今天天气很好，天空很蓝。我往下看周围的山峰，近处的就像是天鹅引颈屹立，远处的山峰重重叠叠，真是奇妙呀！

我过了蜡烛峰，到了上琼台观，看到了几棵榔梅树，都很粗。满树开满了榔梅花，衬得这个地方十分幽美。我请求观中的道士给我几枚榔梅果，但是他不答应。过了一会儿，他才说："这是禁物，之前有人带走了几枚，结果多名道士受到牵连，最后家破人亡。”我不相信，就坚持请求他送我几枚，道士拿来几枚送我，果实都已经发黑坏掉了，他一遍遍告诉我千万不能让别人知道这件事。等我到了中琼台观，我又向观主求要榔梅果，他说现在没有。我出了观，思考再去哪里看看，就听到有人在后面喊我，原来是中琼台观的小道士叫我回去。观主握着我的手，给了我两枚树种，再三嘱咐我千万不能说出去。我拿出来认真地看了一下，果实和金橘形状很像，渗出来蜂蜜似的液体，外表看上去像金子，摸起来像玉一样，我向观主真诚地说了感谢。后来，我又游览了紫霄岩、飞升台、雷公洞、滴水岩、仙侣岩等名胜，从榔梅台下山到达了草店。

植被各异，候同气异

我从北方来到南方，游遍华山、嵩山和武当山，发现三座山上的植被有着很大的区别。华山四周都是岩壁，所以山脚就没有高大奇异的树木，一直到峰顶，才能见到有三个人合抱那么粗的松柏树；松树都是五针松，松子跟莲子一样大，吃起来鲜甜可口。而武当山之中，丛林密布、树又高又直；离武当山十几公里范围之内，奇异的杉树、柏树非常粗壮，绵延不断地生长在山间平地上，这是朝廷禁止砍伐树木的效果。但在嵩山、少室山之间，从平坦的山脚到山顶，树木被砍伐得基本上没剩几棵了，只有三棵将军树巍然挺立着。

山峰、峡谷、河川、平原，在不同的地势上，即使季节相同，天气物象却不一样。我从嵩山、少室山出来，开始看到田地里麦苗青青；到了陕州，杏花刚刚开放，嫩绿的柳枝轻柔摆动；到了潼关，道路平坦，垂柳在道两旁站立，梨树、李树高低不齐；而到了鸿峪关，这里竟是层层的冰雪遍布山谷沟涧，真是春风到不了的地方呀！过了坞底岔，又看到了盛开的杏花；从龙驹寨出来，看到了桃红柳绿，到处呈现出一派春色。

JING DIAN SHANG XI

经典赏析

更衣上金顶。瞻[1]叩毕，天宇澄朗，下瞰诸峰，近者鹄峙[2]，远者罗列，诚天真[3]奥区也！遂从三天门之右小径下峡中。此径无级无索，乱峰离立[4]，路穿其间，迥[5]觉幽胜。三里余，抵蜡烛峰右，泉涓涓[6]溢出路旁，下为蜡烛涧。循涧右行三里余，峰随山转，下见平丘中开，为上琼台观。其旁榔梅[7]数株，大皆合抱，花色浮空映山，绚烂岩际。地既幽绝，景复殊异。

——《游太和山日记》十四日

---

① 瞻（zhān）：往前或往上看。

② 鹄（hú）峙：形容周围的山峰像天鹅伸长脖子般高耸挺立。鹄，天鹅。

③ 天真：未受礼俗影响的大自然的真实面貌。

④ 离立：分别耸立。

⑤ 迥（jiǒng）：特别。

⑥ 涓（juān）涓：细水慢流的样子。

⑦ 榔梅：多年生乔木植物，花的颜色和桃花、杏花很相似。梅树和榔树原本是山中的两种树，据传是真武帝折了一枝梅花插到了榔树上，形成了这种奇异的树种。

武当山，古称“太和山”。在湖北省西北部。大巴山脉东段分支，西北一东南走向，起自陕、鄂边境，止于襄阳市南。海拔约 1000 米。有七十二峰、三十六岩、二十四涧等胜景。主峰天柱峰（在丹江口市境内），海拔 1612.1 米。天柱峰顶的明建金殿，以铜铸鎏金著称。为国家级风景名胜区。武当山古建筑群为全国重点文物保护单位，并列入《世界遗产名录》。为武当派拳术发源地。

武当山金殿，俗称“金顶”。在湖北省丹江口市武当山天柱峰顶。建于明永乐十四年(1416 年)。殿基为白石雕花须弥座。殿高 5.5 米，宽 5.8 米，进深 4.2 米，用铜铸构件拼装焊接而成，外鎏赤金，光辉灿烂。宝座上供真武像，所有塑像及殿内器物均为铜制。为全国重点文物保护单位。相传东汉阴长生、晋谢允、唐吕洞宾、五代宋初陈抟、明张三丰等曾修炼于此；并传真武帝君于此修炼 42 年，得道飞升。宫观众多，尤以紫霄、太和、玉虚、南岩、五龙、遇真六宫及复真、元和二观有名。

戊辰

崇祯元年 | 公元 1628 年

三月二十日

渡山涧，溯[1]大溪南行。两山成门曰莒峡。溪岸不受趾，循山腰行。

[1] 溯：逆着水流的方向走。

徐霞客

他前后五次游览了福建，这次日记记录的是徐霞客第三次来到福建。他在二月二十日那天离开家乡，三月十二日从丹枫岭进入福建境内。

奇妙惊险 探溶洞过险滩

玉华洞的神奇冒险

在家待着的时候，我突然想到福建、广东去看看，于是二月二十日就从家出发了。听说泉州府、兴华府有海贼捣乱，我就打算先到延平府，正好我一直都想去玉华洞看看，就坐上一条小舟，开始了探洞之旅。

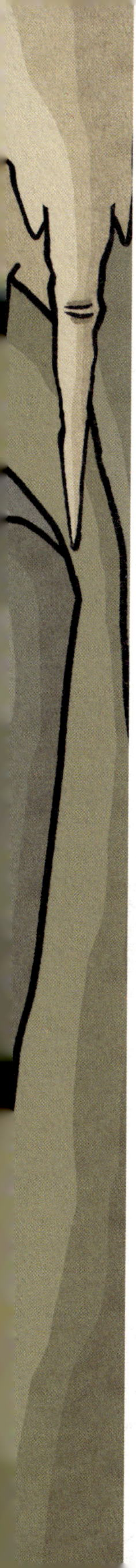

经过几天的行程，我终于来到了玉华洞。我到山脚下，就看见山峰像一条大尾巴一样横放着，守护着洞口。洞门并不是很宽大，上面长满了青翠的树木，底下流淌着非常清澈的溪水，使我感到了一阵凉意。吃完饭，我找来了一个熟悉地形的向导。我们砍了一些松节放到竹篓里，向导背着竹篓，手里提着照明用具，里面烧着松节，快燃完时就往里添一些。我们进了洞，顺着石阶往下走了好几尺，到了小溪流出的地方。我们顺着蜿蜒（wān yán）曲折的小溪向前走，四次从木板上走过去才渡过溪流。山洞一会儿变得很狭窄，一会儿又变得很开阔。我们一会儿往上走，一会儿往下去。岩石有白色的，也有黄色的。石柱要么悬挂在空中，要么竖在地上，向导指着石柱，给我介绍它们的名字，这个叫“荔枝柱”，那个叫“风泪烛”，还有的叫“幔天帐”“达摩渡江”“葡萄伞”，等等。我仔细地瞧、认真地看，你别说，还真是石如其名呀，可真像！我们沿着溪流走到了尽头，登上陡峭的石阶，到了一处叫“九重楼”的地方。我望着模糊不清的洞穴，突然有一种天欲亮、灰蒙蒙的感觉，这就是玉华洞最神奇的“五更天”景象啦！

河滩上的刺激时刻

我回了将乐县，想着再去永安看看。和随后到来的仆人一起坐着小船去云雾缭绕的山中闲逛。下午，下起了大雨，没有办法向前走。我看到林田有两条从南边流过来的溪流，一条浑浊红得像血，一条则是绿油油的清流，两条溪流在林田合二为一。

第二天我问了当地人，才得知两条溪流交汇后的这条合流是两府的分界线。岭北的河水以北属于延平府，岭南的河水以南属于漳州府，是不是很有趣？

小船航行在水面上，转眼到了宁洋县。正准备南下的时候，突然传说有强盗伤人性命，没办法，我就在这儿等了两天。

四月初一这天，天刚亮，我就坐船出发啦。顺着溪流往南走了十多里，一座陡峭的山峰向西突立，横在溪流中。水躲开山峰向西奔去，又往东流。水势特别急，就像是有人拿着水壶从高处往下倒一样，这个地方叫石嘴滩。石头杂乱地立在溪水中，中间只有一道像门一样的航路，仅能通过一条船。小船顺着“门槛”掉下去，落差居然有一丈多，其他的河道也是曲曲折折，小船一会儿被抛上去，一会儿又被扔下来。和之前途经的很多险滩相比，这里更加惊险刺激。很多船只到了这里，都好像鱼鳞一样密密地排列划下。每条船通过时，船上的人就都下船到岸上，大家一起用缆绳前前后后地倒拉着船，一定要等到可以通行了才能放开绳子。在这样的河滩之间穿行，稍有一个不注意，可就掉河里喂鱼啦！

JING DIAN SHANG XI

经典赏析

余时未饭，复出道左登岭。石磴[①]萦松，透石三里，青芙蓉顿开，庵当其中。饭于庵，仍下至洞前门，觅善导者。乃碎斫[②]松节置竹篓中，导者肩负之，手提铁络[③]，置松燃火，烬辄[④]益之。初入，历级而下者数尺，即流所从出也。溯流屈曲，度木板者数四，倏[⑤]隘[⑥]倏穹[⑦]，倏上倏下，石色或白或黄，石骨或悬或竖，惟“荔枝柱”“风泪烛”“幔天帐”“达摩渡江”“仙人田”“葡萄伞”“仙钟”“仙鼓”最肖[⑧]。沿流既穷，悬级而上，是称“九重楼”。遥望空濛，忽曙色欲来，所谓“五更天”也。

——《闽游日记前》二十日

---

① 磴（dèng）：石头台阶。
② 斫（zhuó）：砍；削。
③ 铁络：铁丝编的照明器具。络，网状的东西。
④ 辄（zhé）：就。
⑤ 倏（shū）：忽然。
⑥ 隘（ài）：狭窄。
⑦ 穹（qióng）：高大宽敞。
⑧ 肖（xiào）：相似。

千奇百怪的钟乳石

玉华洞里有各种奇特的钟乳石景观，这些神奇的景观是怎么形成的呢？

这还要从 2.7 亿年前说起，玉华洞还是个小宝宝的时候，它是沉积在海底的石灰岩。这种岩石硬度不大，小刀都能刻动，流水也能很轻松地改变它的样貌。这样的岩石在经过三次地壳运动的抬升和亿万年流水不断地冲刷、切割，以及溶解并搬移岩石中的可溶物质，形成了最具代表性的喀斯特地貌。这些奇形怪状的钟乳石就是在大自然的神奇力量推动下形成的。

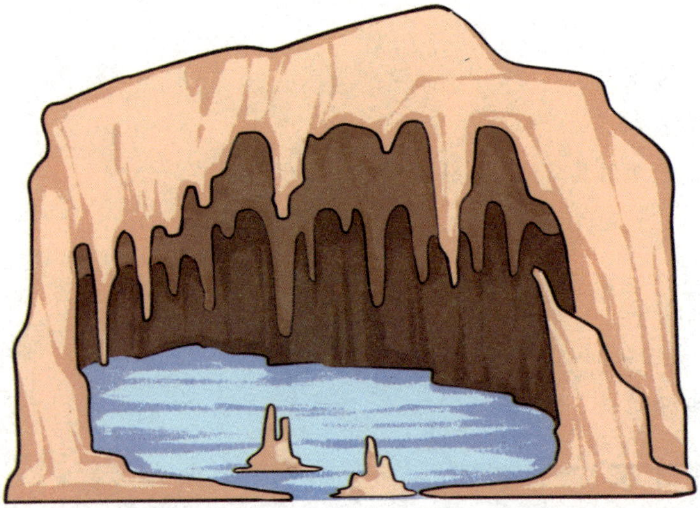

玉华洞现在还处在发育生长阶段，不知道在多年以后，它又会为我们带来怎样的惊喜呢？

踏遍山河

玉华洞，位于福建省将乐县城南 7000 米处的天阶山下，因为洞里的岩石光洁如玉、华光四射而得名。洞长 5000 米，连接着藏禾洞、雷公洞、果子洞、黄泥洞、溪源洞和白云洞六个支洞。里面有石泉、井泉、灵泉三股长流不息的溪流。洞中因石灰岩溶蚀而形成的各种奇特景物多达 166 处。以仙人田、炼丹炉、荔枝柱、苍龙出海、童子拜观音等形象最为逼真和奇绝。洞口的岩壁上，保存着不少宋代以后的摩崖石刻。

庚午

崇祯三年 | 公元 1630 年

八月初二

登仙霞，越小竿岭，近雾已收，惟远峰漫不可见。

徐霞客

两年后的七月十七日，四十四岁的他第四次游逛福建，经过十几天的行程，于八月初二日到达福建浦城，十九日进入漳州境内。

奇石幽洞 游历浮盖山

浮盖山上转一转

我登上仙霞岭，走过小竿岭，接着走了十里，停在二十八都吃了饭。这里的东南方有一座浮盖山，横跨浙江、福建、江西三省。这样的景点我怎能错过，饭后，我按捺不住兴奋的情绪，打听好路线，就出发了，一路上我看到了清幽的竹林、层层叠起的田畦，其间还有一处处村庄，构成了一幅幅如同水墨点染的风景画。因为这里有很多竹子，所以人们使用这种材料来制作纸张。我登上一冈，跨过一岭，到处都是奇形怪状的岩石。因为下起了大雨，我就在寺庙中住了两天。两天后，我登上了浮盖山的最高处，坐在石头上往下看，石坑崩塌、山谷深坠，重重叠叠的就像是一块块堆砌的碧玉、一匹匹轻薄的绸缎，远处近处千奇百怪。看过了东边，沿着连绵的山峰，又走到了西部边沿。接着又翻过两座山，看到了层层叠叠的岩石。我走到了朝南的位于正中的山峰下，峰前耸立着两块岩石，一块尖峰倾斜着，名叫“犁

头尖石”。又往西越过两座山，到了浮盖山的中顶，巨大的石头层层堆积，底部的像盘子，顶部的像盖子，有的是

多块岩石堆积托着一块石头，有的是一块石头上平衡立着很多块石头，取名作“浮盖仙坛”，真不是浪得虚名啊！这些巨大的岩石高大陡峻，其间没有石阶，不好往上攀爬。我登上峰顶，群峰的景象都呈现出来了。山顶上的石头四周长着青苔，就像头发一样在风中飘荡，翠绿的颜色就像是青烟一样浮在空中，又美丽又可爱。

龙洞里面探一探

听庙里的和尚说附近有一个洞，有一条龙卧在里面。我一听来了精神，冒着雨和作为向导的僧人一起到龙洞里一探究竟。他拿着砍刀在前面砍树开路，我紧跟着他在乱石堆里爬上跳下。就这样走了两里地，来到了一个狭窄的山谷前。中间只有一尺的空隙，上下一样窄。我们点燃灯笼，匍匐着进到了石缝里。一开始还能从石缝里见到光，深入进去就完全黑了，下面

的有水流的沙地也把鞋都浸湿了。越往里走，越是狭窄，洞壁已经紧贴着双肩，凸起的石片抵在胸前，几乎都没法攀行，我硬是艰难地越过去了。再往里走，洞壁更加狭窄，直行双肩都容不下了，我只能侧着身子往前走，又碰到了像之前一样挡路的石片，非常高。我攀不上去，和尚就拉着我上，好不容易上去了，又下不来了。和尚脱掉外衣，在那转来转去绕了好一会儿才下去。我学他也把外衣脱掉往下跳，他在下面扶住我，就这样我们终于来到了洞里。

我赶紧查看龙到底在哪呢，只看见石龙从狭窄的洞壁尽头的悬崖上直直地垂下来。龙身是白色的，石头纹理像粗糙的磨刀石，看着和龙鳞一样。还以为是很神奇的景象，没想到如此平常，我挑着灯看了一遍，就准备出去了。没承想出去的时候就更难了，我侧着身子走，胸和背紧紧地贴着洞壁，因为半蹲着，膝盖也不能直起来，石头扎得皮肤生疼。越是想快点出去，石头就贴得越紧，我都要和石头合二为一了。终于出来了，哎呀，我开心得就跟重获新生一样！

JING DIAN SHANG XI

经典赏析

徘徊[①]久之，复上跻重崖，二里，登绝顶，为浮盖最高处。踞[②]石而坐，西北雾顿开，下视金竹里以东，崩坑坠谷，层层如碧玉轻绡[③]，远近万状；惟顶以南，尚郁伏[④]未出。循西岭而下，乃知此峰为浮盖最东。由此而西，蜿蜒数峰，再伏再起，极于叠石庵，乃为西隅[⑤]，再下为白花岩矣。既连越二峰，即里山趋寺之第三冈也。时余每过一峰，辄一峰开霁[⑥]，西峰诸石，俱各为披露[⑦]。

——《闽游日记后》初四日

---

① 徘徊：在一个地方来回地走。

② 踞：占据。

③ 轻绡：一种透明而有花纹的丝织品。

④ 郁伏：蕴藏隐伏。

⑤ 西隅（yú）：西部边沿。

⑥ 霁：转为晴朗。

⑦ 披露：显露。

自然传奇

怪石拿云，飞霞削翠

浮盖山，又叫“盖仙山”，是福建、浙江两省的界山，为武夷山、仙霞山的余脉。主峰碧狮峰海拔 1100 多米。

为啥浮盖山上有这么多怪石？这还要从它的构造开始说起。浮盖山山体是由燕山晚期的花岗岩构成的，经历了大自然的外力作用，造就了众多奇形怪状的石头，形成了层层岩石重叠的奇异景象。浮盖山不仅有乱石，还有很多狭窄的石缝，这是受风化剥蚀的影响，也让徐霞客吃了不少苦头。

踏遍山河

浮盖山秀丽壮美，其间的景点星罗棋布。犁尖峰如同一把剪刀，又像一把犁头和犁铧（huá）；棋盘石又名仙坛，远看像一座巨大的城堡，近看像一个天然的棋盘；碧狮峰上层层巨石堆叠，就像一头凶猛的狮子蹲在那里，山峰上的灌木草丛就像狮子的绿色毛皮；还有石人峰、仙人晒被，以及洞连着洞、洞里有洞的新罗洞群，也是非常神奇的景观。

癸酉

崇祯六年 | 公元 1633 年

八月初六

循山半西南行，四里，逾岭，始望南台在前。

徐霞客

他在崇祯六年（1633）北上到达北京，在此待了几天后，于七月二十八日离开北京，八月初五日抵达山西，游遍五台山南、西、中、北四台。

平坦如台 雪天见五台山

过龙泉关登长城岭

七月底，我离开都城北京到五台山游览。一路上跋山涉水，见到了高达数十仞的石壁，以及虽然没有水却有瀑布水痕的瀑布。这样走呀走呀，就来到了重要关口——龙泉关，有上下两个关口，相距二十里。进入龙泉关的南关，向东出关。在树木与岩石交错之间，感受大自然呈现的美景。经过两道石关，又走了一个大上坡，我登上了长城岭最高顶。回过头来看远处的群峰，最高峰也低下了头，只有南部山中有一道缝隙，透着百里景色。在长城岭上，有一处高楼巍峨耸立，那就是龙泉关的上关。我顺着往西北方向流走的溪流前行，经过天池庄、白云寺，到达了千佛洞，这里就是登五台山的小路了。

098

五个台合成一座山

狂风呼啸，滴水成冰。看着火球一样升起的太阳，我沿着山腰向西南行进。翻山越岭，路过灯寺，接着我登上了南台绝顶，见到了文殊菩萨的舍利塔。顺着南台右侧的路走下去，地势平坦，可以骑马。又走了一段路，来到了清凉石。清凉寺的院落清幽秀丽，高高低低，交错纷杂，美得就像一幅画。这里有块石头，很是奇异。它长得像灵芝，长宽一样，上面能站下四百人。上面是一块大石板，而下面却是细脖子支撑，可真是怪！

一早接着往西北走，过了化度桥，我走了一段崎岖的山路，登上了西台顶。在阳光下，我看到了一幅幅美好的图画，红日照着山峰，呈现出了奇特的姿态。西台的西面，近处是闭魔岩，远处是雁门关。这闭魔岩全山都是层层堆叠的岩石，形成了盘旋的陡崖，非常神奇。进入寺庙，叩拜了佛像后，我观察到寺庙的北面的左边是维摩阁，维摩阁盖在石头上，有的地方用柱子搭架，有的地方直接利用石头做支撑。寺院中间是万佛阁，万佛阁中的佛像金光闪闪，

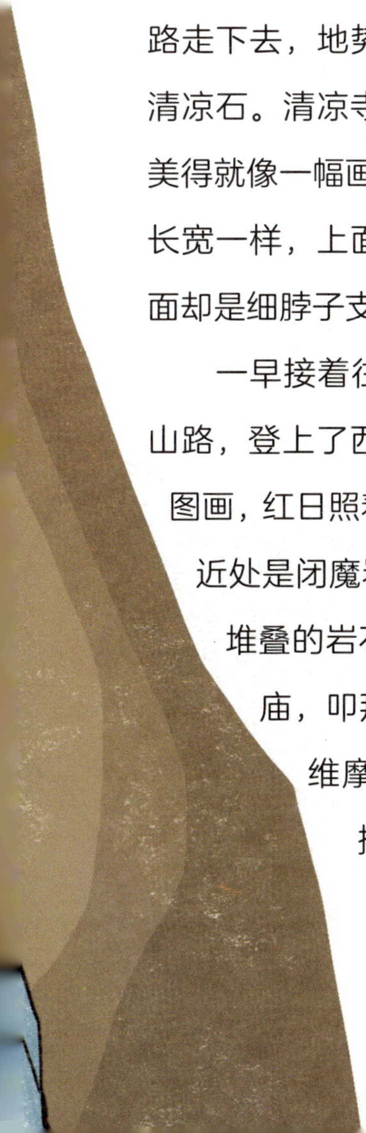

阁楼与阁楼之间有通道连接，人可以在空中来回穿梭。在这样道路艰难的深山之中，能建造起如此恢宏的楼阁，人力的伟大真令人感叹呀！

从寺庙往东北走，到达了中台。从中台的南面登上龙翻石，这里有几万块乱石堆成了一座山峰，山峰下面是很深的

山坞（wù），峰头悬空挺立，传说这里就是文殊菩萨放光显灵的地方。从中台往北走，就到了“万年冰”，这里的崖壁上悬挂着几百丈高的冰层，寒冷阴森。往北走了十几里，在北台的寺庙住下。我趁着太阳没下山，在寺外四处张望。等到进了寺里，太阳落了山，开始狂风大作。初八起床后，寺里的老僧人送我出来，指着一座山说：“北台下面，东台西面，中台正中，南台北面，有一个山坞，叫台湾。这里正东偏北，有座特别陡峭的青山，那就是恒山。正西偏南，和云雾相连的就是雁门关一带的山峰。你往北看，内、外两边，只有北台这座山从北面护着群山，陡峭高峻，这就是北台的大致面貌。这里离东台还有四十里，华岩岭就在途中。如果你想去看看恒山，不如直接顺着华岩岭往下走，能节省四十里的路程。”我点点头同意他的建议，出了寺庙往东走，到了华岩岭。我接着往前走，就看见一条从北伸过来的涧沟和一条从西伸来的涧沟在群峰中聚集，形成了“一壶天”的奇特景象。一路上，两旁的岩壁排列得像屏障一样非常整齐、像鼎足一样高耸挺立。就这样走了十里地，我突然看见悬崖绝壁之中阁楼林立，正是悬空寺，石壁尤为奇特。这就是北台外围的护山，要不是从这条路出五台山，这样神奇的景象我就见不到了啊！

十里，登南台绝顶，有文殊[①]舍利[②]塔。北面诸台环列，惟东南、西南少有隙地。正南，古南台在其下，远则盂县[③]诸山屏峙，而东与龙泉峥嵘[④]接势。从台右道而下，途甚夷，可骑[⑤]。循西岭西北行十五里，为金阁岭。又循山左西北下，五里，抵清凉石。寺宇幽丽，高下如图画。有石为芝形，纵横各九步，上可立四百人，面平而下锐，属于下石者无几。从西北历栈拾级而上，十二里，抵马跑泉。

——《游五台山日记》初六日

---

① 文殊：文殊师利或曼殊室利的略称，佛教大乘菩萨。相传五台山是文殊菩萨显灵说法的道场。

② 舍利：意为“身骨”。佛教称死者火化后的残余骨烬。

③ 盂（yú）县：在山西省东部，属阳泉市。

④ 峥嵘：高峻的样子。

⑤ 骑：骑马。

自然传奇

天地间的“大手掌”

五台山上有五座山峰，各个山顶非常平坦，就像五个平台一样，就像一个巨大的手掌平放在天地之间。为什么五台山会有这样奇特的地貌呢？原来五台山是一座地垒式断块山，它既活跃又积极地沿着多条断层向上隆起，使得五台山的山峰高低起伏，差异很大。

五台山最低处的海拔只有 624 米，而最高峰北台绝顶海拔达 3061.1 米。所以这里有高耸却平坦的平台、十分活跃的冰川地貌，还有奇特的高山草甸景致。山里气温低，台顶常年有冰，因此在炎热的夏季，这里也十分凉爽，所以又名“清凉山”，是一个避暑的好去处！

踏遍山河

五台山，位于山西省东北部。北部割切深峻，五峰耸立，峰顶平坦。它的五座山峰都有着独特的名字：东台叫“望海峰”，西台叫“挂月峰”，南台叫“锦绣峰”，北台叫“叶斗峰”，中台叫“翠岩峰”。

五台山与浙江普陀山、安徽九华山、四川峨眉山并称“中国佛教四大名山”。五台山山上有很多佛教建筑，主要有南禅寺、佛光寺、显通寺、菩萨顶、塔院寺等。这里的佛

像数量多达 30000 余尊，不仅有佛、菩萨、罗汉等，而且还有儒教、道教、民俗宗教等。佛像分泥塑、金属、石刻、木雕、烧瓷、脱纱、刺绣、画像等 8 种类型。

五台山地区有许多特色菜肴和风味小吃，如肉片炝香蘑、清炒台蘑、小鸡炖台蘑、万卷酥、豆腐丸子等，口味清香而不腻。

癸酉

崇祯六年 | 公元 1633 年

八月十一日

风翳①净尽，澄碧如洗。

策杖登岳，面东而上，土冈浅阜②，无攀跻劳。

① 翳(yì)：遮蔽。

② 阜：土山。

徐霞客

八月初八，离开五台山，奔赴恒山。十一日，他登上恒山峰顶，然后下山往北到了浑源州。

雄伟奇绝 征服北岳恒山

悬在空中的寺庙？

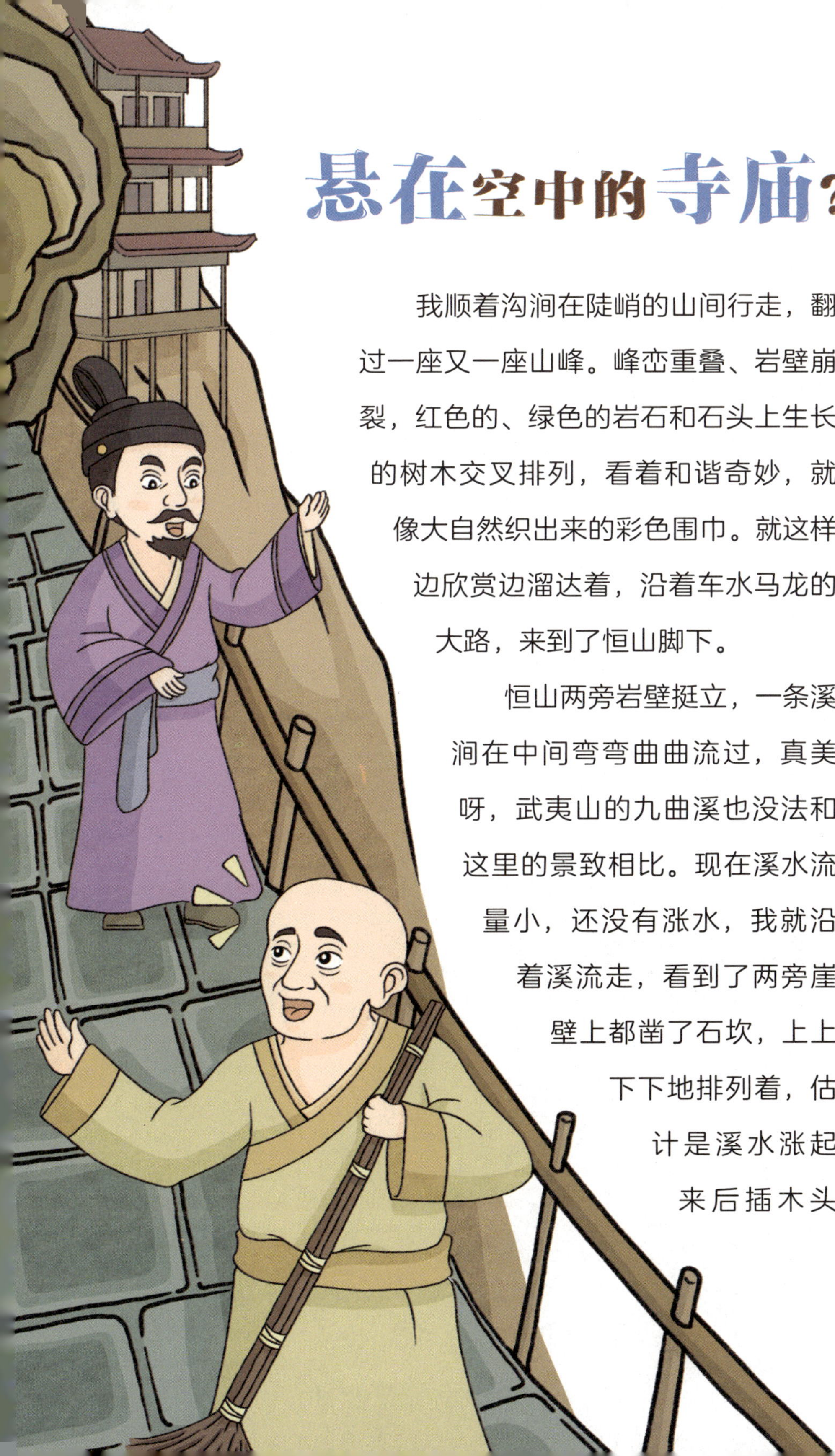

我顺着沟涧在陡峭的山间行走，翻过一座又一座山峰。峰峦重叠、岩壁崩裂，红色的、绿色的岩石和石头上生长的树木交叉排列，看着和谐奇妙，就像大自然织出来的彩色围巾。就这样边欣赏边溜达着，沿着车水马龙的大路，来到了恒山脚下。

恒山两旁岩壁挺立，一条溪涧在中间弯弯曲曲流过，真美呀，武夷山的九曲溪也没法和这里的景致相比。现在溪水流量小，还没有涨水，我就沿着溪流走，看到了两旁崖壁上都凿了石坎，上上下下地排列着，估计是溪水涨起来后插木头做栈道的吧。接着往里走，峡谷越来越窄，崖壁也越来越陡峭，突然我看到西边崖壁的半山腰上，有几处层层叠叠的楼阁悬在半空中，远看就像海市蜃楼一样，这就是悬空寺。我抬头看了看，鼓足勇气沿着狭窄的栈道攀登。进了寺庙，高高低低错落有致的阁楼、弯弯曲曲的栏杆和曲曲折折的小路呈现在我眼前。僧人们把屋子打扫得非常干净，非常舒适幽雅。从悬空寺下来，在峡谷里转了几道弯，感觉狭窄的山谷口变得越来越开阔，山峦峡谷互相遮挡，就像是另外一个世界。我接着往前走，看到了三道悬挂着匾额的大门，在高高的山上排列着。门下面是几百级石阶与大门相连接，这就是北岳恒山庙的山门。恒山绝顶因为太遥远还看不清楚，两边的土山重重叠叠。我找了一户人家借住，为明天攀登北岳绝顶做准备。

攀扯践踏登绝顶

第二天一早，风吹过的山里云雾散去，空气格外清新。我手拄着拐杖，朝东走，一路上都是低缓的山丘，没有攀登带来的劳累感。我走走停停，来到了北岳殿的东面，看到在两座山崖之间，有一个断裂开的路，这就是登上绝顶的小路，其间杂草丛生，下裂千尺。我脱掉外衣，攀扯踩踏着杂草往上爬。爬了二里，到达陡崖上，抬头看着高耸的绝顶，上面长满了矮树，到处是分叉的树枝。我穿行其间，它们钩住我的衣服，扎痛我的脖子，一使劲攀扯就会折断。我努力地攀登着，好像掉进汹涌的波涛中，只能听到水声但没办法爬出去。我不停给自己鼓劲，努力地在荆

棘矮树中穿行，终于走了出去，登上了北岳绝顶。此时天空晴朗，我站在恒山之上，往下看。恒山北边的岩壁崩塌，随意地往下坠落塌陷，杂草树木密密地长在石山上。我从西边下了山，寻找之前进入峡谷时的陡崖，可是眼前白茫茫一片，我不敢往下走了。正在纠结的时候，碰到了一个人，我连忙上前询问，他指了指东南方向的柏树之间，那里有路。我朝着松柏走，果然发现了小路，顺着崖缝一直往下走，到了飞石窟，下山走了五里，通过悬空寺的危崖下去，又走了十五里，到达了浑源州。

JING DIAN SHANG XI
经典赏析

坊右东向拾级上，崖半为寝宫，宫北为飞石窟，相传真定府恒山从此飞去。再上，则北岳殿也。上负绝壁，下临官廨①，殿下云级插天，庑②门上下，穹碑森立。从殿右上，有石窟倚而室之，曰会仙台。台中像群仙，环列无隙。余时欲跻危崖，登绝顶。还过岳殿东，望两崖断处，中垂草莽者千尺，为登顶间道，遂解衣攀蹑③而登。二里，出危崖上，仰眺④绝顶，犹杰然⑤天半，而满山短树蒙密，槎枒⑥枯竹，但能钩衣刺领，攀践辄断折，用力虽勤，若堕洪涛，汩汩不能出。余益鼓勇上，久之棘尽，始登其顶。

——《游恒山日记》十一日

---

① 官廨（xiè）：旧时官吏办公场所的通称。
② 庑（wǔ）：正房对面和两侧的小屋子。
③ 蹑（niè）：踩。
④ 眺（tiào）：从高处往远处看。
⑤ 杰然：高耸雄伟的样子。
⑥ 槎枒（chá yā）：树枝分叉而出。

恒山的诞生

恒山是一座断层山，自形成之初经历了很多次造山运动和地壳升降运动，岩层是古老的石灰岩，距离今天已经有五亿年了。因为基岩表面露出了很多，所以风化严重，山峰坚挺锋利，沟谷切割很深，断层面对着大同盆地，整个山脉呈东北—西南走向。西接管涔（cén）山，东至河北省边境，是桑干河、滹沱（hū tuó）河的分水岭。

踏遍山河

恒山，亦称“太恒山”“元岳”，位于山西省大同市。相传舜帝巡狩四方，到了这里，看到山势雄伟，就封其为北岳。恒山山脉有一百零八峰，绵延150千米，主峰玄武峰，又名天峰岭，海拔2016.1米，气势雄伟。恒山名胜古迹众多，有悬空寺、虎风口、北岳朝殿、会仙府、文昌阁等。其还有着独具特色的自然景观，林海松涛、古庙奇阁、道佛仙踪、怪石幽洞，构成了著名的恒山古十八景。

大同市位于山西省北部，地处大同盆地，桑干河、御河流贯。煤资源丰富，有“煤都”之称。名胜古迹有云冈石窟、华严寺、善化寺、九龙壁等。

丙子

崇祯九年 | 公元 1636 年

十月十七日

鸡鸣起饭，再鸣而行。五里，蒋莲铺，月色皎甚。

徐霞客

已年到五十岁，再次踏上征程，开始了他人生中最后一次的“万里遐征”。同行的有僧人静闻和两个仆人。十月十七日，徐霞客到达江西玉山县。

红山奇峰 遍赏秀美龟峰

红彤彤的锅盖山

一大早，伴着鸡叫我就出发啦！月光皎洁，我走了五里又五里，太阳才露面。沿着狭窄的山脊走呀走，到了玉山县城。那会已经是下午了，我决定走水路，坐着小船接着游。转眼就天黑了，船夫乘着月色荡桨航行。到了广信府（今上饶市），河面上有一百多艘小船，水冲击着两岸，声响此起彼伏。听说这边盗贼很多，可要格外小心了。

早就听闻灵山北面寺庙兴盛，早晨起来后想去看看，可是我突然生了脓疮，行动受到了妨碍。所以我还是选择坐小船游览广信府城，放弃了登灵山。往西南航行了三十里，

一座山峰呈圆状横亘，红彤彤一片，岩壁盘曲，叫作仙来山。又往前走，二十里内，溪流左右两岸的石头山，就像翻盖着的锅、卧躺着的牛，有的连在一起，有的独自美丽，形态非常奇特，而且表面很平滑没有褶皱，上面连丝毫泥土和极其短小的树木草茎都没有，山体通红一片，可真是太神奇了！我还想再细细地看看，无奈水流湍急，很快就错过了。又走了一段，南面的鹅峰，尖峭直插天际，回想二十年前，这里就是我经过分水关赶往幔亭(指福建武夷山)的出发地。时光飞逝，山河如昨天一般壮观，而我已到了这般年纪，真令人感慨万千……

怪异绮丽的大乌龟峰

远远地我望见了一座孤峰高耸入云，一打听才知道那是龟峰。我心里非常期待近距离观察龟峰，就把行李交给了静闻，我和仆人住在了东关外的旅店里，等着明天一早就去游览龟峰。半夜下起了大雨，狂风呼啸。

到了早上，雨还在下。我打着伞往县里走，正好碰到了一个准备回龟峰的人，便随他一起出了城。雨越下越大，我望了望，龟峰在雨中藏匿，根本就看不见。忽然看到路口有一座山峰，形状很像龟峰，就是有点小，我一问才知道这是羊角峤，这里距离龟峰还有一段距离。经过了如同圭玉一般的天柱峰，路过放生池，来到了展旗峰，这里有一条用石头凿成的栈道。我们

进入了山谷，到达寺庙。这会儿雨势更大了，我特别想去看看奇异的群峰，但是云雾缭绕，只能静静地等待雨停。这雨从白天下到夜里，因此我作了一首《五缘诗》。到了晚上，我就睡在了振衣台下的静室里。

早上起来我感觉很冷，一看外面雨停了，雾也散了，群峰都显露出来了，只有寺庙东南的最高顶还有云雾。贯心上人和我走出厅堂，他给我介绍远处的胜景。正南面最高的地方叫寨顶，顶上有一块石头像鹦鹉的嘴巴，所以又叫鹦嘴峰，现在叫老人峰。从下面看上去，就像一个老和尚。寨顶向北延伸下去，依次是罗汉峰、鹦哥峰、净瓶峰、观音峰。从南面的寨顶往西，最陡峭的是龟峰、双剑峰。龟峰上有三块紧紧相连的石头高耸直立在峰头，高高的峰顶上有重重叠叠的大石头，就像三只灵异的乌龟叠在了一起。这龟峰层峦叠嶂、俊秀神奇，是雁荡山所没有的！

此次在秀美奇异的江右之行中，我攀登了大大小小的山峰，游览了多个洞穴，观赏了瀑布河流，真是不虚此行呀！

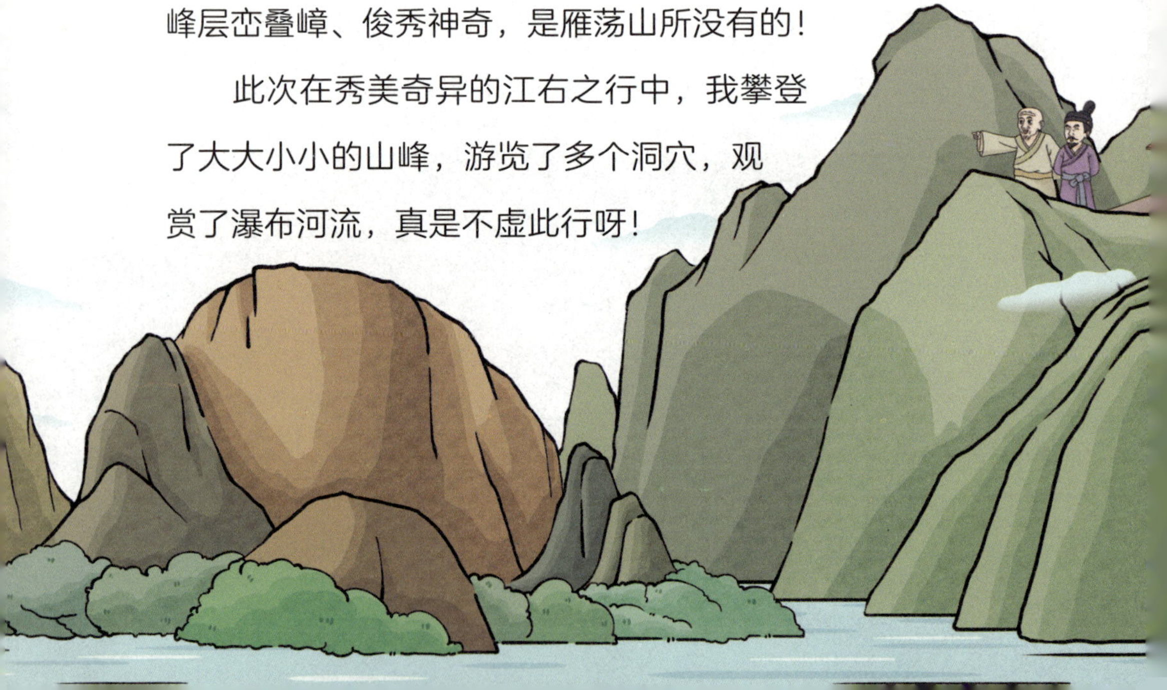

JING DIAN SHANG XI

经典赏析

西南下三十里，有峰圆亘，色赭①崖盘，名曰仙来山。初过其下，犹卧未起，及过二十里潭，至马鞍山之下，回望见之，已不及登矣。自仙来至雷打石，二十里之内，石山界溪左右，俱如覆釜②伏牛，或断或续，〔不特形绝崆峒③，并无波皱文，至纤土寸茎，亦不能受。〕至山断沙回处，霜痕枫色，映村庐④而出，石隙若经一番点缀者。又二十里，过旁罗，南望鹅峰，峭削天际，此昔余假道⑤分水关而趋幔亭之处，转盼已二十年矣。人寿几何，江山如昨，能不令人有秉烛之思耶！

——《江右游日记》十八日

---

① 赭（zhě）：红褐色。

② 釜（fǔ）：古代的炊事用具，相当于现在的锅。

③ 崆峒（kōng tóng）：山高峻貌。

④ 村庐：乡村的简陋房屋。

⑤ 假道：经由；取道。

乌龟是怎么“爬”上山的?

让历代文学名士满口称赞，尤其是让看过很多奇山异水的徐霞客也竖大拇指的龟峰是怎么形成的呢?

原来呀，龟峰本是一片处在扬子板块和华夏板块相接地带北侧的岩石层。在地壳板块的剧烈运动过程中，经过拉展、碰撞、挤压、塌陷，同时火山不断喷发，大面积的岩浆侵入，岩石层表面沉积了非常厚的红色碎屑岩。在新构造运动的作用下，龟峰不断上升，加上风化侵蚀，龟峰上重重叠叠的石头蛋便显现出来，一个个大乌龟就这样悄悄地爬到了峰顶。

江西省，简称“赣（gàn）”，位于中国中南部、长江中下游南岸。省境东、西、南三面环山，呈盆地地形。西有幕阜山、九岭山、武功山、万洋山等，南有大庾岭和九连山，东有怀玉山、武夷山等，北有庐山，中南部红岩丘陵和盆谷交错，北部为鄱阳湖平原。

鄱阳湖，地处九江、南昌、上饶三市，古称“彭蠡（lí）泽”“澎湖”，为河成湖，是中国最大的淡水湖。鄱阳湖盛产银鱼、鳜鱼等，是中国淡水渔业主要基地之一。因多白鹤、灰鹤等鹤类和天鹅等珍贵鸟类，素有“珍禽王国”之称。

滕王阁，位于南昌市西北部赣江东岸，始建于唐永徽四年（653 年），唐高祖的儿子滕王李元婴为洪州都督时建造，以封号为名。碧瓦重檐，气势雄伟。上元二年（675 年），洪州牧阎伯屿宴请群僚于阁上，王勃回家看望父亲路过此地，作《滕王阁序》，成为传诵千古的名篇，其中以“落霞与孤鹜齐飞，秋水共长天一色”最为出名。

让孩子跟着课本去旅行

徐霞客的中国游

下

竹马书坊 编著

民主与建设出版社
·北京·

图书在版编目（CIP）数据

让孩子跟着课本去旅行：徐霞客的中国游：上下 / 竹马书坊编著 . -- 北京：民主与建设出版社，2024. 12. -- ISBN 978-7-5139-4768-8

Ⅰ. K928.9-49

中国国家版本馆 CIP 数据核字第 2024S6K660 号

让孩子跟着课本去旅行：徐霞客的中国游：上下

RANG HAIZI GENZHE KEBEN QU LÜXING XU XIAKE DE ZHONGGUOYOU SHANGXIA

编　　著　竹马书坊
责任编辑　宁莲佳
封面设计　尛　玖
插图绘制　格里莫伊文化创意
出版发行　民主与建设出版社有限责任公司
电　　话　（010）59417749　59419778
社　　址　北京市朝阳区宏泰东街远洋万和南区伍号公馆 4 层
邮　　编　100102
印　　刷　天宇万达印刷有限公司
版　　次　2024 年 12 月第 1 版
印　　次　2025 年 2 月第 1 次印刷
开　　本　670 毫米 ×950 毫米　1/16
印　　张　17
字　　数　136 千字
书　　号　ISBN 978-7-5139-4768-8
定　　价　68.00 元（全两册）

注：如有印、装质量问题，请与出版社联系。

人物 Person

徐霞客的中国游 Travel

大家好，我叫徐霞客，是个好打卡风景名胜的旅游博主。大丈夫当朝碧海而暮苍梧，少年时我就立志要踏遍三山五岳，用我最喜欢的方式过一生！

嘿嘿，你们好，我是老爷的好随从顾仆，在老爷旅行的路途中，我认真努力地完成了老爷交给我的各种任务，就是在鸡足山当了逃兵，我实在太难了。

阿弥陀佛，我是静闻，之前我刺破自己的身体，用鲜血抄写了《华严经》，希望有一天能把经书供奉到鸡足山寺里，所以我和徐公同行，开启了一场冒险之旅。

前言 Preface

徐霞客的中国游 Travel

徐霞客，名弘祖，字振之，号霞客，又号霞逸，南直隶江阴（今属江苏）人。生于明万历十五年（1587），卒于崇祯十四年（1641）。他是明代伟大而杰出的旅行家、探险家、地理学家。

徐霞客幼年好学，博览图经地志。他不愿入仕，而是将探奇览胜作为自己的志向。他自二十二岁起出游，至 1640 年重病被护送回老家，三十多年间足迹遍及如今的浙江、江苏、山东、山西、陕西、河北、河南、安徽、江西、福建、广东、湖南、湖北、贵州、云南、广西、北京、天津、上海等地，可以说是游览了大半个中国。

徐霞客的观察所得，是以日记形式记录下来的。在徐霞客去世后，季梦良等人将其整理成富有地理学价值和文学价值的《徐霞客游记》。世传本有十卷、十二卷、二十卷等数种。部分散佚，经历多次传抄整理，多非原来面目，今存六十余万字。主要按日期记述了徐霞客在1613—1639年间的旅行见闻，详细记录了地貌、水文、地质、植被等自然资源。《徐霞客游记》文笔生动形象，记述精彩详细，钱谦益称誉其为“世间真文字、大文字、奇文字”。后人为了纪念这位伟大的旅行家、探险家、地理学家，将《徐霞客游记》开篇之作《游天台山日记》的所写日期“癸丑之三月晦”（癸丑，明万历四十一年，即公元1613年。“三月晦”指阴历三月的最后一天，即公历5月19日），即5月19日定为中国旅游日。

本书以徐霞客的第一视角，通过讲故事的方式，引领读者走进徐霞客世界，跟随着他的脚步，深入了解地理、历史、文学等方面的知识，探访祖国的大好山河，领略当地的风土人情！

目录 Contents

徐霞客的中国游 Travel

丁丑

崇祯十年 | 公元 1637 年

正月十七日

晨餐后，仍由新庵北下龙头岭，

共五里，由旧路至络丝潭下。

徐霞客

崇祯十年正月十一日，他已经五十岁了，从芳子树下西行，途经湖南的市、县，来到了衡州府（今衡阳市）。接着在湘南逛了一圈，回到了衡州府。

探赏险境 遍览南岳之胜

智闯麻叶洞

离开上清洞走了三里路，我沿着山涧走到了一个石崖下，小溪到山崖的乱石之中就流尽了，而上面则开了一个如斗的窟窿，这就是麻叶洞。我想找一个向导陪我进去，有的说里面有神龙，有的说里面有妖怪，都不敢去。最后我花重金找了一个人，正要脱衣服准备进去的时候，他一看我只是个读书人，而非道士，死活不愿意进去了。没办法，那只能自己上了。我先把行李寄存到村子里，和仆人一起进洞。当时，看热闹的村民很多，熙熙攘攘，都不干活了，跑来看会发生什么事。我们两人先把脚伸进去，踩着石阶一级一级往下走，一直到了洞底。走着走着，洞里缝隙渐小，

又窄又挤，我们只能像蛇一样慢慢挪动身体，这是进洞第一关。我们接着往前走，一个洞接着一个洞钻，走过另一关。进到里面后，我们又往东北的石坳走，这里纵向裂开，上面呈穹隆状，下面却非常狭窄。这里的岩石表层纹理变化非常多，每一片每一孔都很奇特。我们又折往东南方向的洞峡，洞底砂石平铺，非常光滑，干燥且没有水，这倒是省得我提衣裤，不会弄脏衣服了。从层层堆叠的石头下往北去，通道低窄，就像之前的两关一样。我们沿着夹缝一直走，越过像马鞍一样的山头，看到两边的石头如玉一般光滑，还有很多奇形怪状的钟乳石。接着往北走了半里，这时我们带的火把马上就要用光了，于是我们原路返回，穿过两道隘关，走出了洞。村里的人一看我们出来了，把手举到额头，给我们行了礼。他们以为我们是有大法术的道士，对我们能安全出来感到惊奇。我对大家的关心表示了感谢，回村取了行李，继续往前走……

力疾登衡山

我们一路又是步行，又是坐船，到达了衡山县城。在去衡山的路上，遇到了一位好心的樵夫，他把我带到了水帘洞。瀑布从石崖上飞泻下来，可以把它称为“水帘”，但不能叫作“洞”，接着我参观了领路人认为的九真洞。有个烧山垦荒的人告诉我这里其实是寿宁宫的旧址，就是九真洞的下游。后来我看天色已晚，就住进了岳庙。

二十二日一早，我想要快速登山，所以从岳庙西边过将军桥，往北向山里进发。路过紫云洞，但是它不应该叫洞，因为根本没有洞。经过络丝潭，下了一座岭，接着沿络丝潭上游走一里路，就到了宝善堂。从宝善堂后面往上走一段路，就到了半云庵。接着往前走，过了铁佛寺、丹霞寺，从半云庵、丹霞寺侧面往北走，看到一片青翠欲滴的竹林，伴着泉水叮咚，为了能够登顶，途中遇到的几所寺庙，我都没进去看。后经过飞来船、讲台经，回到了来时路，又向东往下走了半里，越过山脊，再往西北走三里，就到了上封寺。

在寺里住了三天后，二十六日我接着登山。过了观音崖、登上了祝融峰的会仙桥，经过不语崖往西下了山。走了一会儿，登上了侧刀峰，绕过了赤帝峰，往西进了福严寺。因为大殿坍塌，我就住进了明道山房。

二十七日一早，我从寺西出发，沿着天柱峰走，登上西面延伸的山脊，到了华盖峰，此时风雨交加，我打着伞走到了观音峰。因为下了雨，周围雾蒙蒙的。我途经方广寺、天台寺等，沿着前往罗汉台的路西行，一路观赏天柱峰、华盖峰、观音峰、天台峰，看遍了南岳衡山的美景。

JING DIAN SHANG XI

经典赏析

北驰半里，下有一石，庋[1]出如榻[2]，楞边匀整；其上则莲花下垂，连络[3]成帏[4]，结成宝盖，四围垂幔，大与榻并，中圆透盘空，上穹为顶；其后西壁，玉柱圆竖，或大或小，不一其形，而色皆莹白，纹皆刻镂[5]：此衖[6]中第一奇也。又直北半里，洞分上下两层，涧底由东北去，上洞由西北登。时余所赍[7]火炬已去其七，恐归途莫辨，乃由前道数转而穿二隘关，抵透光处，炬恰尽矣。穿窍而出，恍若脱胎易世。

——《楚游日记》十七日

① 庋（guǐ）：搁置器物的木板或架子。
② 榻：一种坐卧用具。
③ 络：泛指网状物。
④ 帏：织物上横的纱或线。
⑤ 镂：雕刻。
⑥ 衖（lòng）：同“弄”，小巷；胡同。
⑦ 赍（jī）:带着。

自然传奇

溶洞就是地下水沿可溶岩层层面节理或裂隙进行溶蚀，不断扩大而成的岩石空洞。多发育在潜水面附近。洞内常见有石钟乳、石笋和其他各种碳酸钙淀积地貌；各洞逐渐扩大并相互通连，可形成时宽时窄的地下廊道，其中常有地下河道通过，如中国湖北利川的腾龙洞。如果地壳间断上升，溶洞也可成层分布。

麻叶洞是一个典型的迷宫型溶洞，如果想要探索这样的洞穴，只要弄清楚岩层裂隙的延伸方向，就能知道洞内的基本状况了。进洞后，在行进过程中，每当遇到转弯处，就贴一个前进的箭头，按着顺序编号，就不容易遇到分不清方向的情况，以至于来回绕圈子了。

衡山，古称“南岳”，亦称“岣嵝山”“虎山”，位于湖南省衡阳市的南岳区和衡山县等地境内，属花岗岩断块山，绵延百余里，山势雄伟。衡山著名的山峰有72座，其中祝融(主峰，1300.2米)、天柱、芙蓉、紫盖、石廪五峰更为出名。历代帝王多到此祭祀。这里为佛教圣地，有南岳庙、祝圣寺、南台寺、方广寺等庙宇，以及水帘洞等胜景。“祝融峰之高，方广寺之深，藏经殿之秀，水帘洞之奇”，被誉为“南岳四绝”。

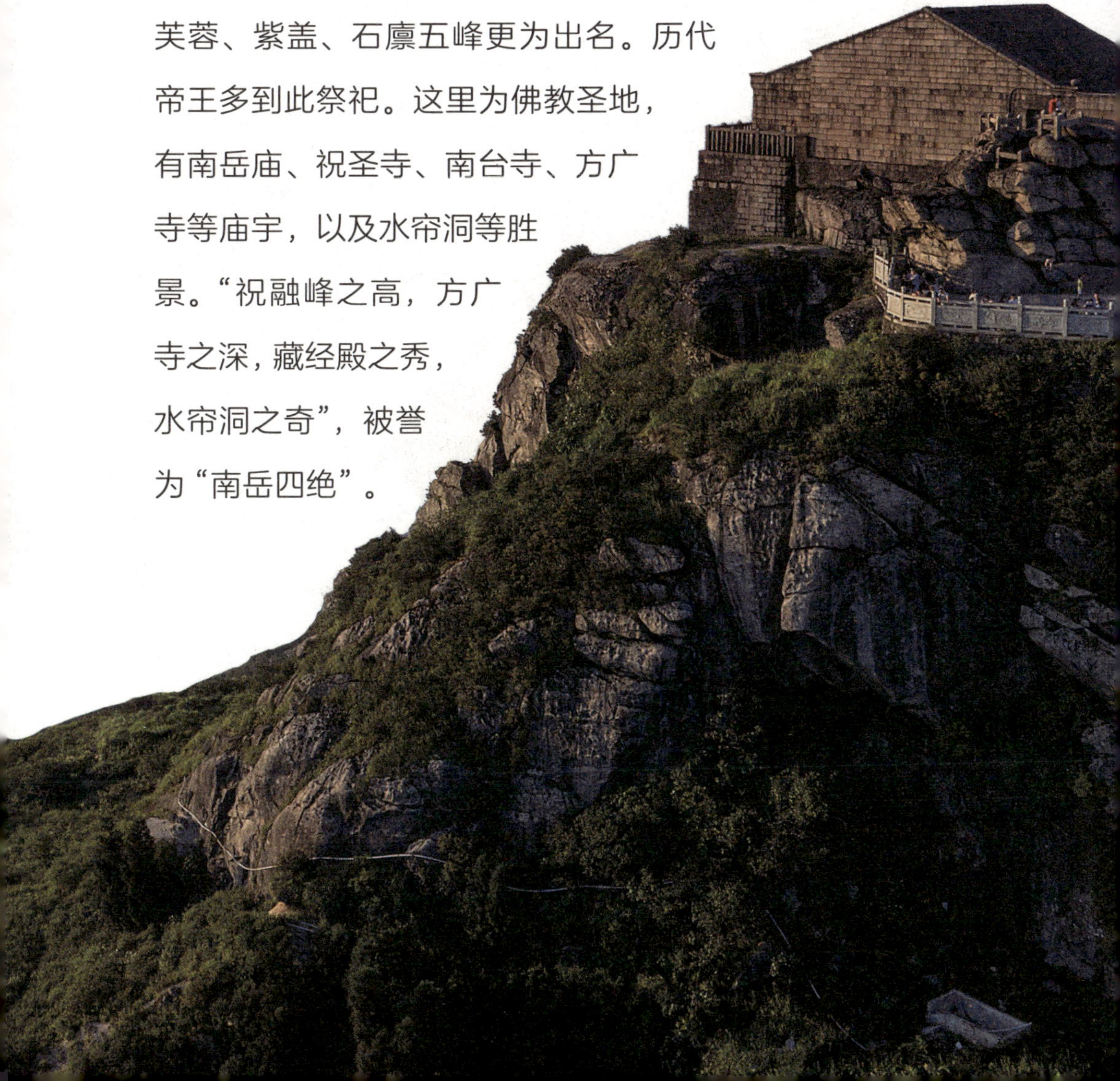

丁丑

崇祯十年 | 公元 1637 年

二月十一日

五更复闻雨声，天明渐霁。二十五里，南上钩栏滩，衡南首滩也，江深流缩，势不甚汹涌。

徐霞客

为了继续湖南行，他冒着风雨，坐着船走走停停，在湘江上漂漂荡荡。同行的不仅有静闻和顾仆，还有几个同行的旅客。

惊险动魄 湘江遇恶强盗

遇盗，尝尽人间冷暖

我们坐着船，沿着湘江顺流而下，路过东阳渡、车江、云集潭，到了一个叫新塘的驿站（古时供传递公文的人或来往官员途中歇宿、换马的处所）。接着我们把船停靠在河对岸，准备在这里过一晚。晚上的湘江，月光明亮，十分美丽，见到如此美景，我内心按捺不住地开心。过了一会儿，忽然听到岸上有哭喊声，好像是孩子，还有妇女，哭了很久都没停止。所有的船上都安安静静的，谁也不敢贸然去过问。快到二更天的时候，静闻去岸上方便，回来时，意想不到的事情发生了。一群强盗喊叫着“杀啊”，冲进了我们的船。因为我还没睡着，所以想快速把装有旅费的匣子转移到别的地方，就连忙穿过船舱，想从船尾跳到江里。可是船尾有强盗堵着，情急之下，我掀起船篷，把匣子扔到了河里。转眼间，我们被强盗逼着站到了一个角落里，有的人光着身子，有的人披着被子。强盗们拿着刀一阵乱戳，大家一起跳到了水里。我最后才跳进去，脚却被竹篙纤绳绊住，连带着船篷一起倒翻了，脑袋撞到了江底，耳朵、鼻子都进了水，幸亏水不是很深，我们就慌忙地蹚着水爬上了别人的船。船逆流而上，停在了香炉山下。我虽一丝不挂，却没有受伤，真是万幸。可我的仆人被刺伤了，我想着别的东西都被焚烧抢劫了，只是匣子在江底，可能还有机会找到，就想着明天白天再去找找看。

第二天，邻船的好心人见我衣不蔽体，送给我一件里衣和一条裤子，我看顾仆没有衣服穿，就把裤子给了他，船夫给我找了一块破布，勉强遮羞。和顾仆一起上岸后，我们隔着江流呼喊静闻。过了一会儿，听到有人叫我，我想一定是静闻了。隔江的一个当地人用船把我送到了被焚烧的船边，远远看见了静闻，心里很开心地想道：我们三个都还活着啊！我到了船边，想着去找匣子，静闻望着我说，匣子还在，钱已经没了，其他书籍也丢了。但是我

亲手临摹的碑文和《衡州一统志》还在呢。后来，静闻潜入水中，捞起一个铁锅，又捞了一些湿米，煮了一锅粥，分给遇难的人吃，自己最后才吃。

之后我才知道静闻见我们都脱掉衣服跳进江里，因为他惦记着佛经和书箱，就留在了船上，舍命恳请强盗能放过经书。接着强盗们拆开了我的竹箱，一看都是书，就想扔到船底，静闻又向他们哀求，希望能留下这些书。强盗们在临走前放了火，留在船边的静闻就努力地救火，盗贼以为有别人来，一看是静闻，就刺了他两下。此时火已经着大了，没法救了。静闻就跳入江中，用落入水中的船篷作为筏子，一次又一次地把能打捞上来的东西都放到上面。最后，虽然周围的船都赶紧避开了，但有两条运谷子的船还停在那，静闻就把打捞上来的东西分几次送到运谷子的船上。但是船上的人却趁着天黑，偷着藏了绸子、衣服等东西，只留下了些布衣服、被子等。大家把各自的东西都领了回去，其中一个人竟冤枉静闻引来盗贼，想夺走他的箱子，而他不知道的是，静闻不顾刀剑、水火，守护了的箱子，以等待箱子的主人，他不仅没有感谢静闻，竟破口大骂，真是令人寒心啊！

振作，重新出发

我的差旅费没了，参考书也没有了，但我们不愿就此放弃，想要继续西行。之后上了岸，我找了老朋友金祥甫帮忙，打算休整好，继续接着走。自从十三日开始，我们就在他的寓所住下，希望他能帮忙筹备些西行的银两，所以接下来几天，我们在周边转了转，等着资金。最开始金祥甫东奔西跑，为我筹措资金，怎么也凑不到。后来他在

上会中抓阄，得了一百多两银子，于是我再三请求，他答应借给我二十两，我以二十亩田产作为抵押，立下了借据。三月初一，桂王上朝，命令刘承奉和王承奉的侄子在桃花冲设斋饭施舍僧人。静闻前去赶斋饭，得到了王承奉之侄资助的许诺。所以我和静闻商议，他在这里继续等着资助金，我先去道州，游览九嶷山。这样到时候我返回衡州府，再一起离开，两不耽误。决定好之后，我收拾好行囊，向着九嶷山进发了……

JING DIAN SHANG XI

经典赏析

余时未寐[①]，急从卧板下取匣中游资移之。越艾舱，欲从舟尾赴水，而舟尾贼方挥剑斫尾门，不得出。乃力掀篷隙，莽投之江中，复走卧处，觅衣披之。静闻、顾仆与艾、石主仆，或赤身，或拥被，俱逼聚一处。贼前从中舱，后破后门，前后刀戟乱戳，无不以赤体受之者。余念必为盗执，所持绸衣[②]不便，乃并弃之。各跪而请命，贼戳不已，遂一涌掀篷入水。入水余最后，足为竹纤所绊，竟同篷倒翻而下，首先及江底，耳鼻灌水一口，急踊[③]而起。幸水浅止及腰，乃逆流行江中，得邻舟间避而至，遂跃入其中。

——《楚游日记》十一日

---

① 寐：睡着。

② 绸（chóu）衣：绸子衣服。

③ 踊：往上跳，跃起。

湘江，亦称“潇湘”，是湖南省最大河流、洞庭湖水系主要河流之一。上源海洋河出广西壮族自治区东北海洋山西麓，同桂江上源漓江间有灵渠(湘桂运河)相通。东北流贯湖南省东部，经衡阳、衡山、株洲、湘潭、长沙等市县到湘阴县芦林潭入洞庭湖。长856千米，流域面积9.47万平方千米。多年平均流量2240立方米/秒。支流众多，有潇水、舂陵水、耒水、洣水、蒸水、涟水等。上游水流湍急多滩、洲，中、下游水量丰富平稳。河源与河口高差460余米，水力资源丰富,干、支流大部可通航。流域内建有欧阳海、千金庙、双牌等水库及东江水电站。

丁丑

崇祯十年 | 公元 1637 年

三月十三日

平明，风稍杀，乃行。四十里，为湘口关。

徐霞客

三月十三日，他经过短暂的休整，在天亮后，趁着风势减小，坐着小船继续在湘江上行进。

劫后重生
畅游钴鉧潭

跟着"柳宗元"游钴铒潭

经过了一阵子的调整，心情平复了很多，也趁着天气好些、风小了些，我决定继续坐船顺着湘江往下走，前往道州。一路上，雨依旧下个不停。不久后，船停在了小西门。我远望江的西岸，岩石林立，非常奇幻。在乱石之中，有一条小溪从西面流过来，汇入了潇江，小溪之上有一座石桥跨过，我觉得很奇异，迫不及待想去看看。我赶紧胡乱吃了点粥，就往那边走。我边走边看，怪石呼吸着云气，十分奇幻。

但是我不认路，就拉住一个当地人询问愚溪桥在哪，他告诉我刚刚经过的石桥就是，向西走半里地就能见到钴𬭁潭。我这才弄清楚钴𬭁潭是愚溪的上游，于是我沿着大路往西走，时不时能看见很多条小溪在石丛中流淌。走了半里路，路过了柳子祠、茶庵，便到了钴𬭁潭。这里的岩石造型奇特，数量众多。岩石上刻着“钴𬭁潭”三个大字，旁边还有诗，但是已经看不清楚了。据我考察，这条溪水是发源于永州南面百里之外的鸦山，有两个名字——“冉溪”“染溪”，一个是依据姓氏得名，一个是依照小溪的颜色而起名，但柳子厚却给它改名为“愚溪”。继续前行，我看了一处香火旺盛的寺院，是僧人元会修建的。向他们打听西山的位置，没有人知道。听说在护珠庵和茶庵之间，有座柳子崖，上面刻了很多诗文，我想这座山应该就是西山了。我从西北方向登上了山却没有找到路，于是又往西南绕到茶庵，向东转回钴𬭁潭，经过柳子祠，渡过溪流、越过山冈，转到愚溪桥上，看见了之前远望的岩石。后来我遇见了一位僧人，他邀请我到圆通庵住一晚。但是我怕船夫等得太久，就向他辞谢，回到了小西门。

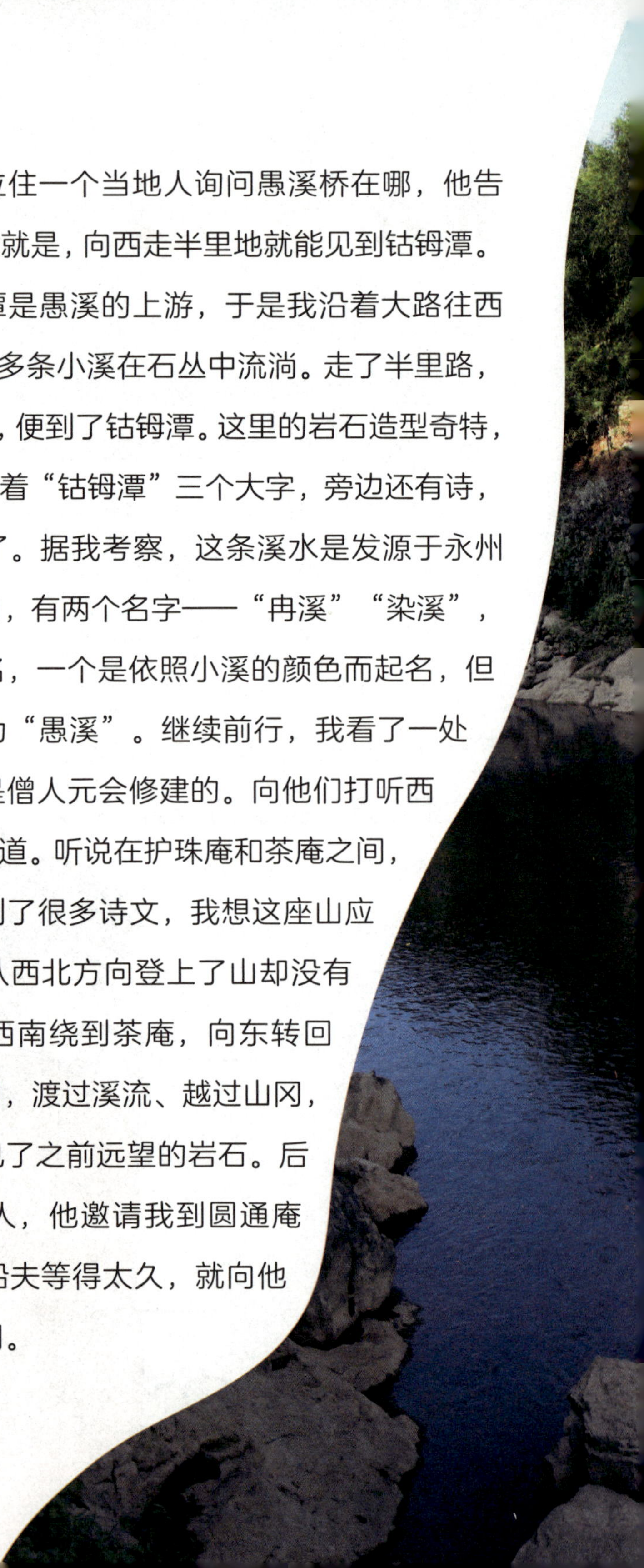

021

香炉山存疑

三月十四，我先是坐船到处游逛，后来下了船，向东走了七里，到达了香炉山。这座山独自耸立在西岸，小小的，像一个发髻。它是一座由骨状的岩石堆聚而成的山，一直延伸到江中，山上的树木青翠美丽、扶疏摇曳，山脚下浸泡在水里的石洞结构奇巧，非常通透漂亮。令我惊奇的是，这座山不在江中心，三面都被沙石浅滩围绕着，而山脚下都被水冲成了深潭，北、西、南三面好像划分界线的深沟，但是呢，积沙没有被冲进水底，却是被推到了外面，水绕流进了深沟里，而山的东面是不停奔腾的大江。这不奇怪吗？下游的沙子不能从水里往上漂移，那上游的沙子为啥不顺着水流向下移动？难道是有人在清淤除沙吗？对此我心存疑惑。到了下午，我坐船途经金牛滩，其上面有一座金牛岭，一座山峰挺拔陡峭，而其余三座耸起的山峰斜着突出，横向飞起，江水直接冲击着山峰的侧面。船行到这里，开始转向南继续行驶。到了晚上，我在一座庙里住了下来。

“三分石”背后的真相

三月二十七，天终于放晴，不下雨了，浓雾也渐渐散去。我急急忙忙吃了饭，就去找之前约好的姓刘的瑶人。可是他觉得云雾没有散尽，应该明天再去。

第二天，我再次找上那个人做向导，一起出发寻找三分石。要说我为啥执着于这座山，主要是因为我以前听人说，这三分石是湖南、广西和广东三个地方的分水岭。从这里出发的三条河，分别流进了这三个地方。这三分石如此重要，你说我要不要去一探究竟呢？怀着探究的心情，我和向导在泥泞的山里深一脚、浅一脚地走了两天。因为一直下雨，山里浓雾不散，走了好久，不知道到了什么地方，突然浓雾就散开了，我在高高的山顶瞥见了三分石的影子。我继续往前走，前往三分石。路上看到很多开放的山茶花、杜鹃花，争奇斗艳，十分美丽，在晚上终于到达了目的地。原来这三分石是一座高耸的山峰，但它并不是什么三省分界线，半边山、鳌头山这两座山，它们的东北方与紫金原相夹从而形成牛头江，西南方与空寮原、香炉山相夹从而形成潇源江，即发源于三分石的水。下岭后走三里是高梁原，是蓝山县西部辖境。这座岭是蓝山县、宁远县的分界处，在三分石的东面，水也顺着这座岭流淌。这几条河最终都汇入了长江。而这座山峰，分裂为三大块，我想这才是“三分石”名字的由来吧。可见，人云亦云是多么可怕，不实地探访，根本弄不清真相！

执土人问愚溪桥，即浮桥南畔溪上跨石者是；钴𬞟潭，则直西半里，路旁嵌溪者是。始知潭即愚溪之上流，潭路从西，桥路从南也。乃遵通衢[①]直西去，路左人家隙中，时见山溪流石间。半里，过柳子祠，祠南向临溪。再西将抵茶庵，则溪自南来，抵石东转，转处其石势尤森特，但亦溪湾一曲耳，无所谓潭也。石上刻“钴𬞟潭”三大字，古甚，旁有诗，俱已泐[②]不可读。从其上流求所谓小丘、小石潭，俱无能识者。按是水发源于永州南百里之鸦山，有“冉”“染”二名。（一以姓，一以色。）而柳子厚[③]易之以“愚”。

——《楚游日记》十三日

① 通衢：四通八达的大道。

② 泐（lè）：石依其纹理而裂开。此处意为磨蚀。

③ 柳子厚：柳宗元（773—819），字子厚，唐文学家、哲学家。

钴鉧潭的成长过程

钴鉧潭，在西山的西面。它的源头是由南至北湍流而来的冉溪，它与山石剧烈撞击，蜿蜒曲折地向东奔去。潭水的上游和下游水势汹涌，撞击非常激烈，不断侵蚀钴鉧潭的岸边，所以潭边非常广阔，而中间水很深。水流奔腾，遇到山石阻隔，它才停下来。这样，水流就形成了车轮一般的漩涡，缓缓往下流去。长此以往，就形成了钴鉧潭。

钴鉧是什么呢？钴鉧，亦作“钴镆”，就是熨斗。钴鉧潭的外形像熨斗一样，所以就起了这个名字。

踏遍山河

永州，在湖南省南部，邻接广东省、广西壮族自治区。面积 2.23 万平方千米。永州以永山得名。地处湘中丘陵和南岭山地，湘江上游及其支流潇水在境内汇合。特产主要有永州血鸭、东安鸡、永州喝螺、永州异蛇酒、油茶、江永“三香”（香米、香柚、香芋）、江华苦茶、道县红瓜子、道州灰鹅、新田薯酒、蓝山黑糊酒、金橘等。名胜古迹有柳子庙、文庙、回龙塔及阳明山等。

丁丑

崇祯十年 | 公元 1637 年

五月初二日

晨餐后，与静闻、顾仆裹蔬粮，
携卧具，东出浮桥门。

徐霞客

自闰四月的初八日起，他从黄沙铺开始向西南进发，途经广西县市，在青山秀水之间开心徜徉，游览了美丽的七星岩。

第一洞天 两探七星岩

穷尽全力，一探七星岩

闰四月初八，我们到达广西境内。

五月初二这天早上，我们收拾好行李，准备一探七星岩。岩洞面向西边，下面有一座寿佛寺，我们便从寺庙左边开始登山。踩着石阶，走了三丈左右，就到了洞口，因为佛寺房屋的遮挡，洞口显得很黑暗。我向着西北方向走，洞里越发开阔，地面很平坦，排列着很多石笋，悬挂着一些石柱，通风透亮，这里就是七星岩。沿右侧台阶下去，到了栖霞洞。洞顶有一条缝隙，看上去像一条悬空仿佛要一跃而下的石鲤鱼，鱼头、鱼尾和鳞鳃非常逼真，就像人工雕刻一般，活灵活现。石鲤鱼旁边有一个蟠龙状的伞盖，五彩斑斓，十分好看。我沿石阶往上走，就到了老君台。从老君台往北走，洞就像是被分割成了两层，往西走就往上去，往东走就往下进入了幽深的壑谷。后来，我跟着向导沿着高台往壑谷走，到了一个山洞，洞的左边有栏杆排列着，下边陷入深黑之中，幽深不见底，这是獭子潭。走了一会儿，又进入两道天门，经过“花瓶插竹”“撒网”等各种各样的石头景观，接着翻过一个石崖，看了龙江后，

往北走又转向东边，经过“红毡”“白毡”，就像是悬挂着的皮衣和下垂的毛毯，纹理清晰。又向东经过“凤凰戏水”，穿过石门，冷风袭来，我想是到了洞口了。出了这洞，隐约看见射进来一束暗暗的光线，迷迷茫茫的，如天要亮了。我走到一座桥上，看见有人为了洗衣服来打水。我就问他顺着这条小溪能不能进洞，他说洞内名胜更多，比外洞远却更漂亮，我赶紧请这个人做向导，进去一探究竟。他回家取了松明，我就随他一起进了洞。我们经过之前走过的“凤凰戏水”、红白二毡，又岔道往北走，看到了很多奇异的石像，如舞球的狮子、卷鼻子的大象、长颈盎背的骆驼等，应接不暇。我们又走了一会儿，向导说里面太黑，路途很远，走几天恐怕也到不了头，只能返回来。出来后，我计算了一下行程，先从栖霞洞到曾公岩，大约走了二里路，后来从曾公岩进去又出来，来来回回走了三里路，这两个洞的奇异景致我基本上都看了个遍，也算考察明白了。

全面勘探——再游七星岩

因为等待拓碑闲来无事，也因七星岩本身内部复杂巨大，所以我决定和静闻一起再次探察七星岩。从七星观左侧进入岩洞，接着登上台阶，就到了碧虚阁。我在这里碰到了一位僧人，他跟我说要想去墙外的后山，就得从南面的大岩庵走。我听从他的建议，登上摘星亭，走了一会儿，到了七星岩的前洞。先是往东走了几十级台阶，走到一块平地上，接着向北出了后洞。洞的右边石壁外的岩壁上，石窍裂开，悬挂着很多奇异形状的钟乳石。我赶忙脱下外衣，爬了上去。接连上了两层重叠着的石龛。石龛北面的下方就是栖霞洞。我在这边认真地做了考察，大体上弄明白了七星岩西面一共有五个洞。下了栖霞洞，稍微休息了一会儿，便向南进入了大岩庵。在草丛里找到了一条通向东南方的小路，顺着小路走了一里，在东南边下了山。接着往西走，忽然感觉到一阵冷风吹过，阴飕飕的，之前就听闻这里有一个玄风洞，却一直找不到，想必就是这里了。进入洞里，左拐右转，转了好一会儿，出来到了花桥东面的街道上。经过我的不懈努力，我现在终于弄清楚了，这七星山的东南面，也有五个洞，而北麓也有五个洞。哎呀，一座山，居然有十五个洞！过了花桥，和在下面等我的静闻一起在面馆里吃了顿饭。然后走过了浮桥，回到了唐家寓所。

JING DIAN SHANG XI

经典赏析

历级而上约三丈，洞口为庐掩黑暗；忽转而西北，豁然中开，上穹下平，中多列笋悬柱，爽朗通漏，此上洞也，是为七星岩。从其右历级下，又入下洞，是为栖霞洞。其洞宏朗雄拓[①]，门亦西北向，仰眺崇赫[②]。洞顶横裂一隙，有石鲤鱼从隙悬跃下向，首尾鳞鬛，使琢石[③]为之，不能酷肖乃尔。其旁盘结蟠盖，五色灿烂。西北层台高叠，缘级而上，是为老君台。由台北向，洞若两界，西行高台之上，东循深壑之中。由台上行，入一门，直北至黑暗处，上穹无际，下陷成潭，澒洞[④]峭裂，忽变夷[⑤]为险。

——《粤西游日记》初二日

---

① 雄拓：雄壮开阔。

② 崇赫：高大。

③ 琢石：雕刻玉石。

④ 澒（hòng）洞：弥漫无际。

⑤ 夷：平坦。

七星岩，旧称“栖霞洞”“碧虚岩”。在广西壮族自治区桂林市东普陀山西北侧。原为古地下河道，全长约 1000 米，洞分上、中、下三层，石灰岩发育完好，石钟乳、石笋、石幔等构成各种景物，蔚为奇观。与附近的月牙山合辟为七星公园。属桂林漓江风景名胜区。

桂林市，位于广西壮族自治区东北部、西江支流桂江

上游。辖临桂、象山、秀峰、叠彩、七星、雁山六区和阳朔、灵川、全州、兴安、永福、灌阳、资源、平乐、荔浦九县及龙胜各族、恭城瑶族二自治县。境内漓江沿岸风景秀丽，有“桂林山水甲天下”之誉，独秀峰、叠彩山、伏波山、南溪山、象鼻山、芦笛岩、七星岩尤著名，为国家级风景名胜区。古迹有桂林王城等。纪念地有八路军驻桂林办事处旧址等。为中国历史文化名城。

丁丑

崇祯十年 | 公元 1637 年

五月初九日

余少憩寓中。上午，南自大街一里过樵楼，市扇欲书《登秀诗》赠绀谷、灵室二僧，扇无佳者。

徐霞客

他作为一个时刻挑战自我的人，一点儿空闲的时间都不想给自己留，前一天还在山上考察山洞、拜谒王明阳祠，第二天稍作休整，又开始了新的旅程。

象山水月
踏访象鼻山

象鼻山里转一圈

上午在寓所待了一会儿，感觉没啥意思，我就出了门，打算去象鼻山转转。路过了皇族廉泉家的花园，景致不错，但是亭台楼阁过于呆板，不如自然风光天然秀美。往东南方向走了一会儿，途经五岳观、穿过文昌门，一直往南走，踏过石桥，再继续走一段路，就到了石山的南麓。这座山也就是漓山，现在被叫作象鼻山。为啥这座山现在被称为象鼻山呢？是因为这里有个象鼻岩，水月洞也出现在这里，这座山因为形状的不同，而被冠以不同的名字。飞空的石崖从山顶大步跨下来，向北插进了江流中间，形成了一个圆圆的大门，阳江从城南缓缓流来，穿过石门。上面因中空而明亮就像月亮一般，下面又内外波涛潆

绕，“水月”一名由此而来。那插入江中的石崖，上面连着山，下面接着水，伸着长长的鼻子向外翻卷，是不是就像是胖胖的大象在喝水呢？“象鼻”之名由此得来。在水洞的南边，石崖的半山腰上又开出了一个陆洞。这个山崖是从山顶向东跨到江畔，中间被挖成一个圆圆的洞，长长的像是走廊一样，一直通到了水洞之上。我走到上面，面向北边坐在圆洞口，往下看水洞，东西两面相互交穿，互相掩映，这样绝美的景致，真是令我沉醉。我观察了一下，这里有范成大的铭文，极为珍贵。此时，正巧有一条渔船停在洞口的崖石中，我就请他带着我绕到洞外，再重新穿进洞里，这样一来，水陆的景色都被我看遍了。

揭秘龙隐岩、屏风岩

休息了一天后，我想出去再转转，找找龙隐岩、屏风岩。从桥上走过，远远望见龙隐岩和月牙岩并列在东面的山岩之上。走了一段路，经过隐真岩，到达山的西南面。这里的山峰更加高大雄伟，山腹中空，外面巍峨，上面就像是一座桥悬在空中一般，很是怪异。我想龙隐岩应该在这下面，就攀着石缝往上爬，上面是怡云亭的旧址。踩着如刀刃一般的岩石接着往上登，看到此处的岩石层层悬缀着，竖着的形成峡谷，平着的成为桥梁，个个玲珑剔透。我从这走下来，来到怡云亭旧址，龙隐岩就在它的右侧。洞里高大辽阔。洞顶的岩石垂直往下，就像是展开的帷幔，其中有两条石纹，如龙一样逶迤，汇聚一体，成为龙头，而悬空的钟乳石往下垂着，水滴从钟乳石顶端滴下，就像是龙珠一样。我想这就龙隐岩名字的由来吧。

下山后，我想接着找寻屏风岩，朝东北方向大约走了三里路，碰见一个挑担子的人，我向他打听屏风岩在哪里。他跟我说村北的那座山就是，我又到村里问了一圈，只有极少数的人知道它，所以我怀着疑惑的心情往村北走去。

没一会儿，我就到了山的北麓，只见洞口像一条长长的峡谷，山顶两侧的岩壁，宽约五丈、高十几丈，一开始向南走，地面平缓，又走了十丈，稍微往东南方一转，忽然看见一个明亮的洞穴如在天上张开，从下面往上看，如重重海市蜃楼，又像明镜一般悬在空中，我想即使这里不是屏风岩，也算是一处奇异景致了。从这里开始，我往高处爬，没一会儿，到了一个洞口，我赶紧走进去，用松枝把两边的岩壁擦干净，看到了上面的碑刻，才知道了这里是“程公岩”，看了旁边的记文后，又联想到之前志书所说，屏风岩又名程公岩，这才解开心中疑惑，这么一看，那个挑担子的朋友也是神人啊！

JING DIAN SHANG XI 经典赏析

循石崖东北，遂抵漓江。乃盘山溯行，从石崖危嵌中又得一洞，北向，名南极洞。其中不甚深。出其前，直盘至西北隅，是为象鼻岩，而水月洞现焉。盖一山而皆以形象异名也。飞崖自山顶飞跨，北插中流，东西俱高剜[1]成门，阳江从城南来，流贯而合于漓。上既空明如月，下复内外滢[2]波，“水月”之称以此。而插江之涯，下跨于水，上属于山，中垂外掀，有卷鼻之势，“象鼻”之称又以此。水洞之南，崖半又辟陆洞。其崖亦自山顶东跨江畔，中剜圆窍，长若行廊，直透水洞之上，北踞窍口，下瞰水洞，东西交穿互映之景，真为胜绝。

——《粤西游日记一》初九日

① 剜（wān）：用刀挖。

② 滢（yíng）：水回旋貌。

自然传奇

象鼻山这样的奇异景象是怎么形成的呢？原来啊，象鼻山是一个高高的山丘，后来出现了裂缝，经过水流长期冲刷，再加上岩体崩塌的共同作用，慢慢地，就溶蚀成了这样的桥。因为这座桥正好插进江水中，所以就形成了巨象豪饮漓江水的壮观景象！

踏遍山河

象鼻山，亦称“象山”。在广西壮族自治区桂林市内漓江、桃花江汇流处。山状如大象伸鼻吸水，故名。海拔 220 米。山上有普贤塔，山麓有云峰寺。象鼻与象身之间形成圆形水月洞。有宋陆游、张孝祥、范成大等人诗文的石刻。属桂林漓江国家级风景名胜区。

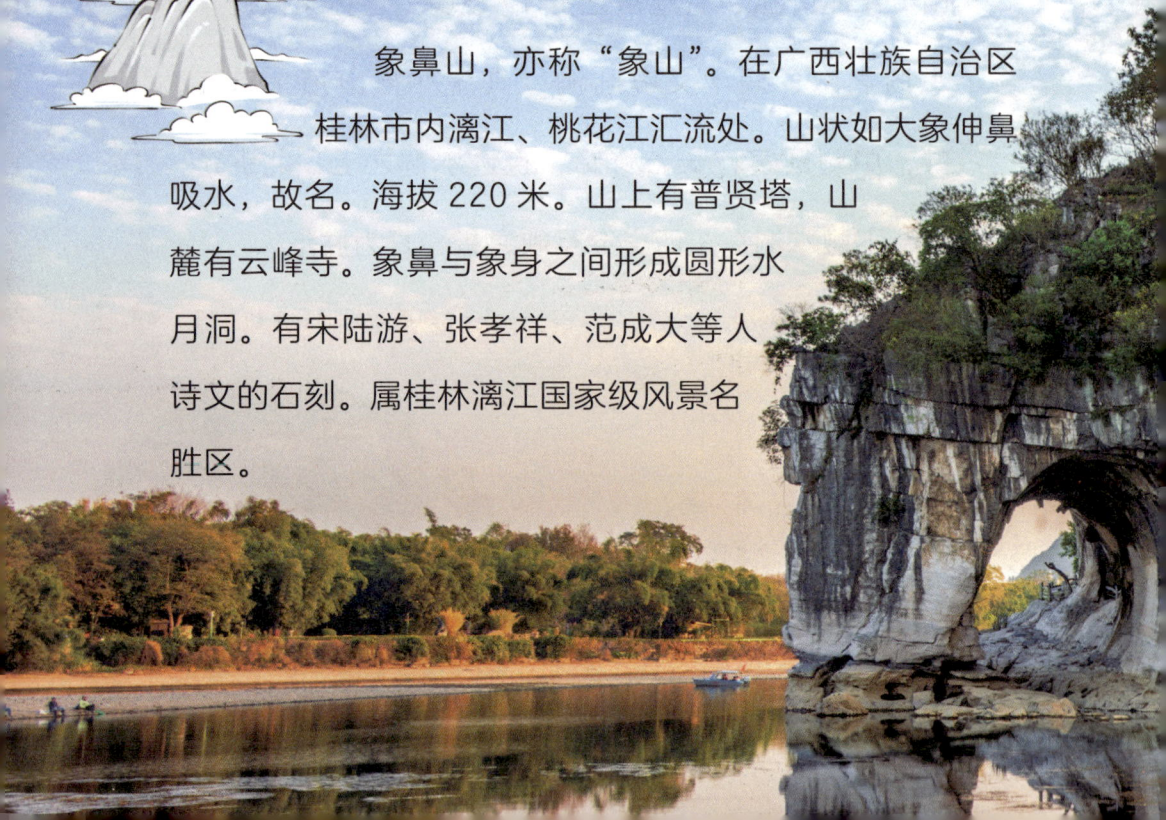

月牙山，在广西壮族自治区桂林市东。因山腰有岩状如新月而得名。有襟江阁、小广寒等名胜。山西麓有龙隐洞，洞南有龙隐岩，岩和洞中有宋、明以来的诗、文、题名、造像等石刻百余件，为桂林诸岩洞石刻之冠，其中以宋《元祐党籍碑》最为珍贵。已建为桂海碑林陈列馆。沿月牙山麓至普陀山周围辟有七星公园，园内桂树成林。属桂林漓江国家级风景名胜区。

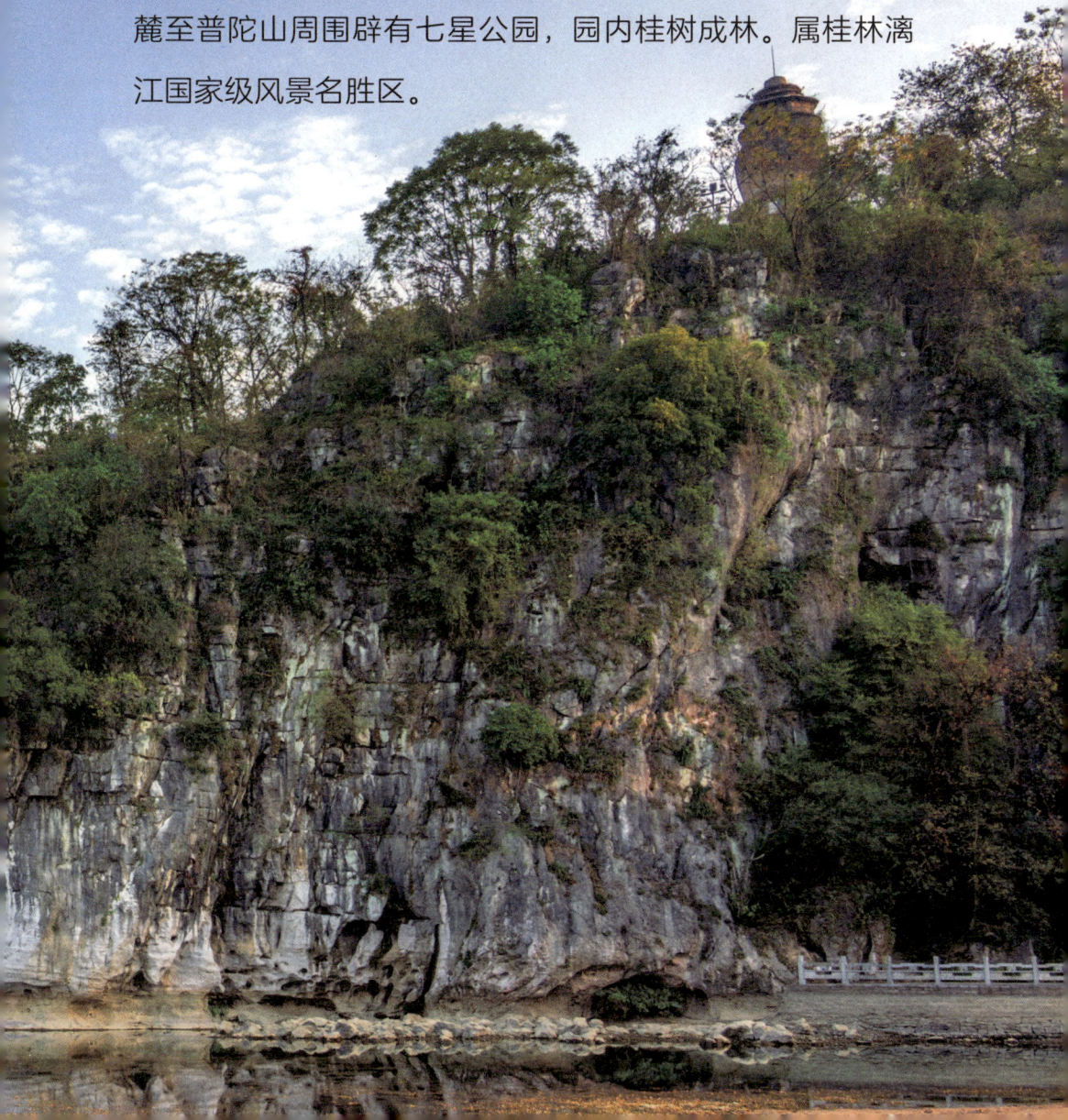

丁丑

崇祯十年 | 公元 1637 年

五月二十一日

候附舟者，日中乃行。

徐霞客

在桂林待了很多天的徐霞客，准备冒雨搭船前往阳朔县。在清澈的漓江上载船旅游，真是一件妙不可言的美事！

山水长廊 漓江水上游

小小船儿画中游

闲来无事，我决定坐船游览一下美丽的漓江。之前靠着双腿，已经在陆上观赏了一下名胜，唯独斗鸡山还没去过，今天船能够经过斗鸡山东边山脚。崖边有石门、净瓶两处美丽景致，但是没能接近看得更清楚些。又走了一段路，到了碧崖，江的南面，石峰林立，遮住了天空，上边生出险峻的山峰，下边又突出崩裂的山崖，感觉已经超过了庐山。可是，令人惊奇的是，南边极其险峻，但北面却十分开阔平整，这里叫作卖柴埠。往东又走了五里，过了寸金滩，转向南边进入了山峡之中，两边石峰突起陡峻，奇异非常，真是让我大开眼界！经过了南田站后，天色渐暗，江流被高山衬托，一会儿往东、一会儿转南，穿过山崖、绕过峡谷，来到了画山，月亮还未升起，但隐隐光线下，山色空蒙。船又行了五里，

到了兴平，群峰至此在东面打开一道缝隙，我看见江左岸上有几户人家亮着光，星星点点，真是山林之间的美好景色。因为有的乘客要到恭城去，所以船停靠了下来。漓江从桂林往南奔去，两岸山崖石壁林立，峰峦环绕，江中的很多小洲时而分开时而合并，因为没有汹涌翻卷的激流，所以在夜间行船也是很安全的；之前月亮未升起，都能在暗中行船，月色明亮却不走了，这让我心生郁闷。

阳朔县走一遭

第二天，鸡叫了，小船朝南驶去。走了一程后，天还没有亮，我就放下船篷，上床接着睡觉。又走了几十里，我看见龙头山露出铮铮石骨，县城四周，山峰汇聚，仿佛走进了碧莲玉笋的奇异世界了。

阳朔县北面是龙头山，南边是鉴山，两座山峰高耸对峙，正巧在漓江的上游和下游。阳朔县是当中一块很小的平地，巴掌大点，但是因东面临江，依靠江岸筑起城墙，南北两面连接着两座山峰，西面以此作为城墙。县城东南门的鉴山之下，向南通往平乐府，水陆两路，汇聚于此。正北方就是阳朔山，东接龙头山，层层山峰林立，就如屏风一般。东北边的一道城门在北极宫下面，却全被荒草堵住了，没有人走过的痕迹。只有东边濒临漓江，所以开了三道城门，以便居民取水。以上是阳朔县的基本概况，记录得还算清晰吧！

上午我就到了阳朔，距离县城南面半里地，有一座桥叫“市桥双月”，这是八景之一。桥下

的水从西边龙洞岩流过来，在桥的东边，流水直飞，注入壑谷，壑谷高四五丈，四周汇聚的岩石交错飞突，这里叫作龙潭，可奇怪的是，水流进去却不会溢出来。接着我登上了鉴山寺，寺院背靠高山，临近江水，藏在一片青翠的山色之中。晌午时，我碰到了一个儒生，他告诉我八景就是市桥双月、鉴寺钟声、龙洞仙泉、白沙渔火、碧莲波影、东岭朝霞、状元骑马、马山岚气。本来我还想着到文庙门那边找找船，接着搜寻奇景，可是一直没有找到，所以我就从东南门出来，一直到了白沙湾，也就是船夫家那边。他把船停到了他家南边，我进船脱了衣服，洗了洗脚，喝了点酒，就上床睡下了。

白沙湾距离县城有二里多地，这里百姓很多，有河泊所。它的南边并列着三座高山，最东的那座叫白鹤山。为啥这里叫白沙湾呢？原来是江水从南边流过，经过山峰，向东北边流去，四周簇拥着这一水湾，沙土都是白色的，所以就以“白沙”命名。溪水的东面也有几座山峰，它们挡住了溪流的入江口，最北面的山叫书童山。江水因为这座山便逆转向东北奔去。

JING DIAN SHANG XI

经典赏析

鸡鸣，恭城客登陆去，即棹[①]舟南行。晓月漾波，奇峰环棹，觉夜来幽奇之景，又翻出一段空明色相矣。南三里，为螺蛳岩。一峰盘旋上，转峙江右，盖兴平水口山也。又七里，东南出水绿村，山乃敛峰。天犹未晓，乃掩篷就寐。二十里，古祚驿。又南十里，则龙头山铮铮[②]露骨，县之四围，攒[③]作碧莲玉笋世界矣。

——《粤西游日记》二十二日

① 棹（zhào）：划行。

② 铮（zhēng）铮：形容坚贞、刚强。

③ 攒：聚集；集中。

踏遍山河

漓江，亦称“漓水”。桂江上游。在广西壮族自治区东北部。上源大溶江出兴安县境猫儿山，西南流到阳朔（一说平乐）以下称“桂江”。长 80 余千米。与湘江上源海洋河间有灵渠（湘桂运河）相通。江水清澈，两岸奇峰重叠，风景秀丽。为国家级风景名胜区。

阳朔县，在广西壮族自治区东北部，桂江上游漓江流贯。属桂林市。漓江两岸风景绝佳，有碧莲峰、阳朔公园、画山、月亮山、榕荫古渡等胜迹，素有“阳朔山水甲桂林”之称。

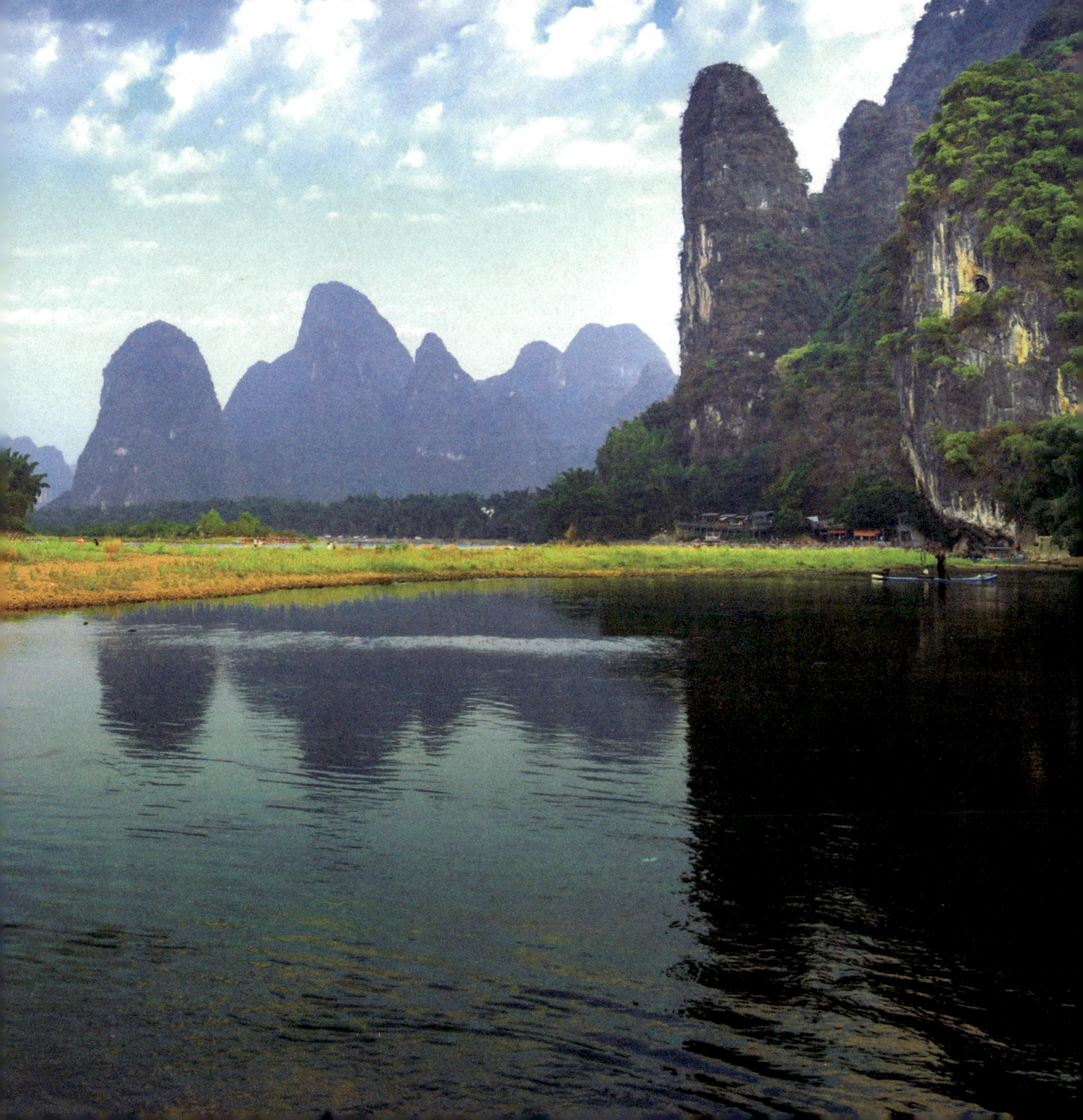

丁丑

崇祯十年｜公元 1637 年

五月二十四日

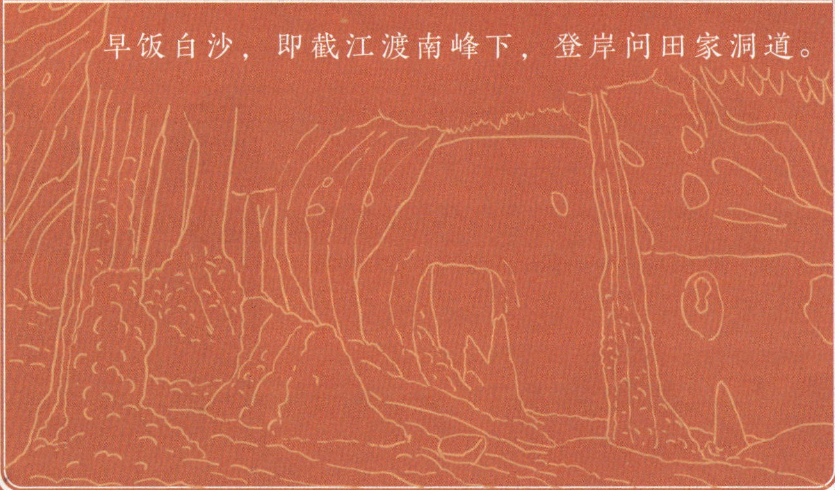

早饭白沙，即截江渡南峰下，登岸问田家洞道。

徐霞客

在白沙湾吃了饭，徐霞客就登岸开始打听田家洞的位置。无独有偶，之前一直没找到的白鹤山，就是田家洞所在地。通过找寻一个地点，收获了两种快乐，真是愉快啊！

勾连曲畅 登毓秀龙洞岩

别有洞天龙洞岩

阳朔的景致真的非常好，所以我想着快点吃完早饭，再去周边转一转。先是到了我找了很久的白鹤山，喜悦之情溢于言表！出了白鹤山之后，我沿山的北麓往西走，一直走，到了龙跃岩，地势稍低，洞口非常高峻险要。北边的山洞地势稍高，茅草堵住了洞口的小路。我在里面逛了一圈，出来后，就从洞北登上了龙洞岩。点燃了火把，我走了进去。洞里的景象特别

精彩，令我眼前一亮！洞后面的石壁上，闪着龙的影子，还有龙形的石床。下面有两个水池，一个方形的，一个圆形的，泉水清明澄澈，像镜子一般，泉水慢慢地流入水池却不外泄，是不是很神奇呢？水池上面一连重重叠叠地放着几个小石龛，就像是蜂房燕窝一样。但是周围没有什么通道，我就从左边的洞壁凹陷处趴着往上爬，越往里走越是狭窄，洞穴就像是一根巨大的竹管，我在里面像蛇一样爬了很久，终于可以扭动屈伸身体了，不久，看到了一个在旁边裂开的石龛，在这里才能转动身体，洞里也开阔了，终于到了龙跃岩的后侧方。我顺着明亮的洞穴，登上了峡谷，向西走到了洞口上面，这里就是我最初到的地方。南面上方往西的地方是第二个洞口。在洞口外边再往南攀登，就到了第三个洞口。从这个洞口往东走，就像是第一个洞口一样形成了峡谷。峡谷的上方重重叠叠，就像是楼阁一样。下面的峡谷到头之后，上面有两层洞口，像人工雕凿的一样平整圆滑。

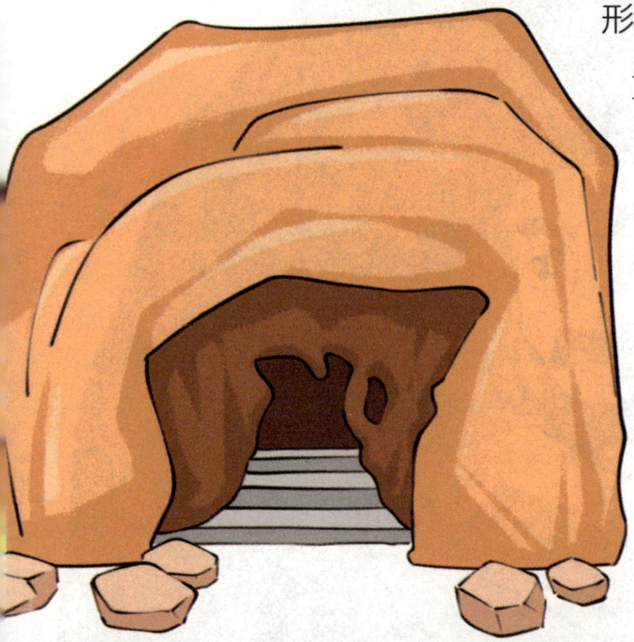

攀登“七重天”

这里的崖壁陡峭挺拔，没有可以上去的地方。我和静闻想方设法地往上攀登，才勉强登上一层峡谷。但是上面这层高悬横挂着，根本无法到达。所以我走到洞前，仰头看了看，上面连着六个洞，这陡峻的岩壁上一共是七个洞口，一个比一个高一些，就像阁楼一样，人们称之为“七重天”。静闻平时看着文文弱弱的，但在困难面前却很“强悍”。他想从洞外攀着树枝，踩着石缝往上爬，而我想沿着孔洞和石崖另寻途径，于是途经南边上方的第六个洞口，我往上一看，悬崖更加陡峭，越看越觉得没法到达。接着经过南面上面的第七个洞口，我发现那里有突出来的石缝，能够放脚，而且有孔洞凹进去的地方，可以用手指扣住。所以我趴下去开始往上爬，凌空爬了几十层，终于到了洞口，洞内的北边有凹坑，两旁的岩壁竖起，有五六丈高。我接着往上爬，这里的岩壁非常光滑，没有可以踩的地方。所以我就让顾仆下山去找点树枝，我想把树枝插在夹壁上，做成台阶，是可以踩着爬上去的。这听起来不切实际，但我觉得肯定没问题。可我们没有人随身带着佩刀，虽然是

有竖直的枝条，但却很难取到，所以只能漫无边际地去找。这时，静闻还是待在第五个洞口的外面，想必他也是难以攀过去了，我就催着他到我这边等着一起合力往上爬。过了一会儿，静闻和顾仆脚前脚后来到了我这边。顾仆找来的树枝太细了，没法用，反正我已经爬到了石脊上，就不需要了。我手脚并用，像猿猴一样，抓着岩壁上的那些窟窿，终于爬上了最高的那一层！这座山面向西的有八个洞，我坐在最高的地方往四周眺望，独览奇异景观，真是心神畅快！

JING DIAN SHANG XI

经典赏析

爇[1]炬而入，洞阔丈五，高一丈，其南崖半壁，平亘如行廊；入数丈，洞乃南辟，洞顶始高。其后壁有龙影龙床，俱白石萎蕤[2]，上覆下裂，为取石锤凿半去，所存影响而已。其下有方池一、圆池一，深五六寸，内有泉澄澈如镜，久注不泄，屡斟辄满。幽閟[3]之宫有此灵泉，宜为八景第一也。池前又有丹灶一圆，四围环起，下剜一窍如门，宛如砌造成者。池上连叠小龛，如蜂房燕窝，而俱无通道处。由左壁洼陷处伏地而入，渐入渐小，穴仅如巨管，蛇游南透五六丈后，始可屈伸。已乃得一旁裂之龛，得宛转焉。于是南明、小西各启洞天，遂达龙跃后腋。

——《粤西游日记》二十四日

① 爇（ruò）：点燃。

② 萎蕤（wěi ruí）：像枯草一样低垂。

③ 閟（bì）：关闭。

多层溶洞的奥秘

在一些石灰岩地区，会有很多像“七重天”这样的多层溶洞。那这样的多层溶洞是怎么形成的呢？

规模较大、层次较多的溶洞，形成于岩溶水的水平流动带。如果地壳一次次抬升，水平流行带就会随之间歇性下降，在地壳相对稳定时期形成一层溶洞。随着地壳的上升，在新的水平流动带就会发育出一层新的溶洞，所以一层层溶洞的形成，见证了地壳的一次次抬升。

丁丑

崇祯十年 | 公元 1637 年

六月二十八日

参慧束炬导游真仙后暗洞。

始由天柱老君像后人，皆溪西崖之陆洞也。

徐霞客

六月十二日，徐霞客坐着小船，途经永福县、洛容县到达了柳州府，接着往北走到了融州，在这里舒畅地游玩了好几天。

刺激有趣 真仙岩脱险

洞里卧着大蟒蛇

真仙岩神秘奇幻，传说春秋时期的老子曾经到这里漫游，后来老子的身体变成了一块石头，所以这里被称为真仙岩。虽然这样的传说不值得信，但是这个洞肯定是值得一看的！

有一个叫参慧的和尚准备好火把，陪我一起游览真仙岩后面的暗洞。洞里有好多根石柱，层层排列着，百十个洞穴都裂开了，前边的很高大，转而又变得深邃幽美；前边的雄阔广大，转而又变得玲珑精致。我们在幽深的缝隙间转来转去，基本上都搜寻到了。突然，我猛地低头一看，一条巨大的蟒蛇横卧在地上，用火把照了一下，竟看不到头尾，也不知道它到底有多长，趴在那一动不动。看着这么长的蟒蛇，我心里是有点发怵的，万一它突然醒过来，攻击我们怎么办呢？我站在那儿，做了一会儿心理建设，跨过它走过去，又跨过它走出来，它依旧一动不动，我们就走出了洞。出来后，回头看了看溪水流过的洞穴，里面透着微微的光亮，我忽然发现对面的山崖上有一个明亮的洞穴，顿时情绪高涨，特别想进去看看，于是拜托参慧出去后帮忙寻找木筏或者小船，准备进洞一探究竟。参慧又点燃了一个火把，带着我向北走进一个幽深的洞穴里。洞里面虽然幽邃，洞顶上却没有神奇变幻的钟乳石，但下面却盘根错节地趴着很多条似龙一般的石脊，龙鳞、龙爪看上去非常逼真，惟妙惟肖，也算是一处奇景！出洞后，参慧去寻找小船，我想着这船一时也不太可能找到，所以我打算亲自去找，顺路去参观下别的景致。

木筏水上游真仙洞

第二天一早，我赶紧起床催着参慧找人一起造木筏，还没动身，昨天许诺帮忙找船的两个樵夫叫了一群人来，我把钱付给他们，这帮人快速地开始干活，没多久木筏就造好了。接着把岩洞里的大梯子架到木筏上，上面再放上一个木盆，我坐到木盆上，脚搭在梯子上。木筏前面，有人用绳子拉着；木筏两边，有人用竹篙控制着；木筏后面，

浅水处有人用肩头往前推，深水处有人就浮在水上拉。从进洞开始，我仰头望向洞顶，高阔峻峭，两边石崖的石壁就像是劈开的璀璨翡翠和夹杂其间的美玉。溯流而行，洞内的景象越来越怪异，突然看见前面洞内有光亮从天上远远地射进来，照得洞内水波闪耀，一层又一层的石门，重重叠叠的洞穴，交错掩映着。我在这样的波澜中缓缓游览，朗诵着李白的“桃花流水窅然去，别有天地非人间”诗句，此时的我就像是置身于诗句描绘的场景之中。头顶上是穹隆广阔的山洞，下面是青黑色的深渊，远方那明亮的地方，彼此照耀，是人还是神仙在此呢？真是神奇啊！

后来，木筏被石崖挡住，没办法，我就放弃乘坐木筏，脚踩石崖，出了洞，又是一片新的天地。

刘公洞里逛一逛

等大家把木筏拆好，运回到了原处后，我赶紧叫住了一个看上去很聪慧的人，请他带着剩余的火把，陪我去游览一下刘公洞。我们走了一段路，却不知道刘公岩在哪里。接着走了几里，到了一座山下。抬头望见在南山上有两个洞，一个洞面向东边，趴伏着；一个洞面向北，高举着。北山中间突出的山峰上，也有一个洞，面向东边。我们正犹豫该往哪走，忽然听到远方传来放牧人的咳嗽声，所以就大声地向他问路，这才得知那个面向北边高高举着的就是刘公岩。可是那个放牧人见我只带了一束火把，就笑我们准备得太少，根本不够用。我有些后悔，但是既然到了这，岂有不进去看看的道理？

我们进到洞里，里面特别广阔，点燃火把从洞后面的右边进去，就看见石柱相互交缠，像门一样的洞穴弯弯绕绕，没走几步，就出来了。接着又从洞后面的左边进去，只见石柱富丽雄伟，门洞形成了陡峻的峡谷，往前走了几丈后，越来越感觉洞内宽敞，石柱玉笋，两旁林立，曲折升降，幽深得无法穷尽。因为担心火把快要燃尽，所以踉踉跄跄

地赶路，终于走了出来。乐趣戛然而止，不知里面是否还会有佳境。出来后，我打算到洞顶上去瞧一瞧，所以向导就开始割草，踩着岩石，像猿猴一样徒手攀岩。我也学着他的方法，终于登上了岩洞上面。只见高峻的石壁层层高悬着，两个岩洞虽然是并列排着，但洞内是不相通的，外部又非常浅，虽有小巧精致的气质，却因为没有相通的深邃之路，我这才兴尽而返。

又往东南走了二里地，我就到了真仙岩。那会儿正好到了中午，天气炎热，我就在洞里休息了一会儿，然后在层层巨石间寻找碑刻，但是在爬梯子的时候，由于石头太滑，我和梯子一起坠在地上，眉头和膝盖都磕伤了。

JING DIAN SHANG XI

经典赏析

洞至此千柱层列，百窦[①]纷披，前之崇宏，忽为窈窕，前之雄旷，忽为玲珑，宛转奥隙，靡不穷搜。石下有巨蛇横卧，以火烛之，不见首尾，然伏而不动。逾而入，复逾而出，竟如故也。然此奥虽幽邃，犹溪西一隅，时时由其隙东瞰溪流，冀得一当，而终未能下涉。既出，回顾溪窦，内透天光，对崖旁通明穴，益觉神飞不能已。遂托参慧入市觅筏倩[②]舟，以为入洞计。参慧复爇炬引予，由岩前左石下，北入深穴。

——《粤西游日记二》二十八日

① 窦：孔；洞。
② 倩：请。

踏遍山河

融水苗族自治县，在广西壮族自治区北部，融江流贯。属柳州市。面积 4664 平方千米。有苗、汉、壮、侗、瑶、水、仫佬等民族。以林业为主，盛产优质杉、楠、松、竹及油茶、油桐。农产以稻为主，尤以香粳糯米质优。特产香菇、木耳、沙田柚、玉兰片等。名胜有贝江、元宝山、真仙岩（又名老君洞）、老子山、龙女沟等。

丁丑

崇祯十年丨公元 1637 年

九月二十三日

舟不早发。余念静闻在崇善畏窗前风裂，云白屡许重整，而犹不即备。

徐霞客

九月二十二日，徐霞客继续乘舟游逛广西。因为这一带自然环境恶劣，所以外地来的人很难适应。在这样的艰苦条件下，徐霞客依旧坚持游历奇景。

三误三返 犀牛岩探历奇景

崇善寺与静闻诀别

静闻这个人，看上去虽然文绉绉的，但也是一个坚强的人。他刺血抄写《法华经》，打算亲自送到鸡足山供奉，所以和我结伴同行走了好久。南宁这一带日温差大，气候恶劣，静闻在六月初生了病，拖着病体陪我走了几个月，身体一直没好，到了崇善寺，他就停留在这里养病。二十三日这天，我与静闻道别，发现他现在住的地方，窗户裂开了个洞，风一直往里吹，寺里的和尚多次答应会修一下，可是却迟迟没有去修，所以我留了些钱，让他找人来修，最后还是客居的僧人慧禅、满宗帮忙修好了。因为船还没有出发，我就又去寺里看望静闻，静闻想要我把布鞋和茶叶留给他，可我告诉他，等他病好了，我来接他的时候再给他也不迟啊！后来听说天宁寺僧人宝檀回来了，我就赶去了天宁寺，把一些钱留给了他，请他帮忙照顾静闻和顾仆。

我坐船走了一会儿，船停泊在了窑头。看天色尚早，我惦记着静闻向我要鞋子、茶叶的事，一直想着这个事，我想他仍然是希冀能够活下去，自己重新走到鸡足山，不想等我回来了。如果回来时与他不期而遇，完全不是我的

心愿；要是他死了，我回来带着他的骨灰去鸡足山，这又不是静闻的心愿。那不如把这两样东西送给他，在此和他永别，那我就不用再折返回来，也可以一起实现我去峨眉山的愿望了。我在外转了一圈回到寺庙的时候，太阳都快落山了。我进屋和静闻辞行，与他永诀。出了寺庙，回到船上已经天黑，伸手不见五指了。

沉浸式游犀牛岩

一路坐船自新宁州城往西南行。途经那勒，船家有一个同乡在此地，想去与他饮酒，所以船就停泊在了那勒。于是我就和船夫约好，中午我再回到原地，这样正好有机会可以去游览一下犀牛岩。

进入那勒后，我向当地人打听犀牛岩的位置，他们不清楚，将南面的穆窑错当成了犀牛岩。我朝着他们指错的方向走，穿过山峰，跨过石桥，往南到了穆窑村，打听了一下，还是不知道犀牛岩在哪，但是有意外收获，我找到了大岩。从大岩下山，沿着山往北走了一里，途经穆窑村，向当地人询问才得知犀牛洞在麒麟村，于是我就经过石桥，往东北走了三里地，到了麒麟村。原来这个村子在那勒东面大概两里的位置，三个村子如同三足鼎立，而穆窑村稍微偏南一些。此时的我不管和船夫的约定，也不管肚子饥饿，一心想要找到岩洞。碰到路人，向他们打听，竟然没有人知道犀牛洞在哪。我以为洞在山的背面，所以就绕到山的东北角。沿着大道往前走了一会儿，看到岔路有火烧的痕迹。最开始，我记得麒麟村里有人说过山下有火烧的痕迹之处，就是去岩洞的路。我奋力地往前走，从北面进入了峡谷。可依旧找错了地方，遇到的行人也不知道。我在里面转了一会儿，碰到一个人，他说我走错路了，就带我去找岩洞。可是他带我出来之后，也找不到路，于是我又沿山的北麓走，在遍布野草的地方找路，可是怎么也找不到。

既然找不到，就出来，往西走，转眼我到了麒麟村北边的路上，突然我看到前面的一条小路有火烧的痕迹，我想一定是这里了。虽然我现在特别饿，但是怕错过美景，就鼓足勇气，踩着石头，拨开草丛，像壁虎一样，手脚并用，抓着茅草，寻找了很久，但依旧找不到路，所以我就从原路往南走，越过峰顶，又走了二里，回到火烧过的地方。我看见石缝中还有一条路通往东面的峡谷，这条小路正好直接抵达悬崖下。这不正是村里的人所指的路吗？我才反应过来，我自己绕弯子，三次都走错了，而又三次折返，最终还是被我找到了。此时太阳已经渐渐落山，我赶紧往悬崖上攀登。爬了半里路，到达了孤零零地兀立的悬崖的北边，这才看到这座悬崖回环耸立在高高的山峰之间，从东转向西，就像一只犀牛角一样在中间高高突起，“犀牛岩”得名于此。悬崖北面有一条山脊上，巍然矗立着一块巨石，就像是把守关口的凶猛野兽。巨石从中裂开，形成竖直的洞穴，里面嵌着一块赭红色的石圭。山脊东面下坠形成洼地，洼地上方的悬崖四面闭合，就像是高大的城墙之上立着一面旗帜。南面的悬崖上树木丛生，深渊底部的更加茂密。我分开草丛，顺着路一直走，静谧无声，就像是穿越回远古时代，已然忘记了自己还在人间。

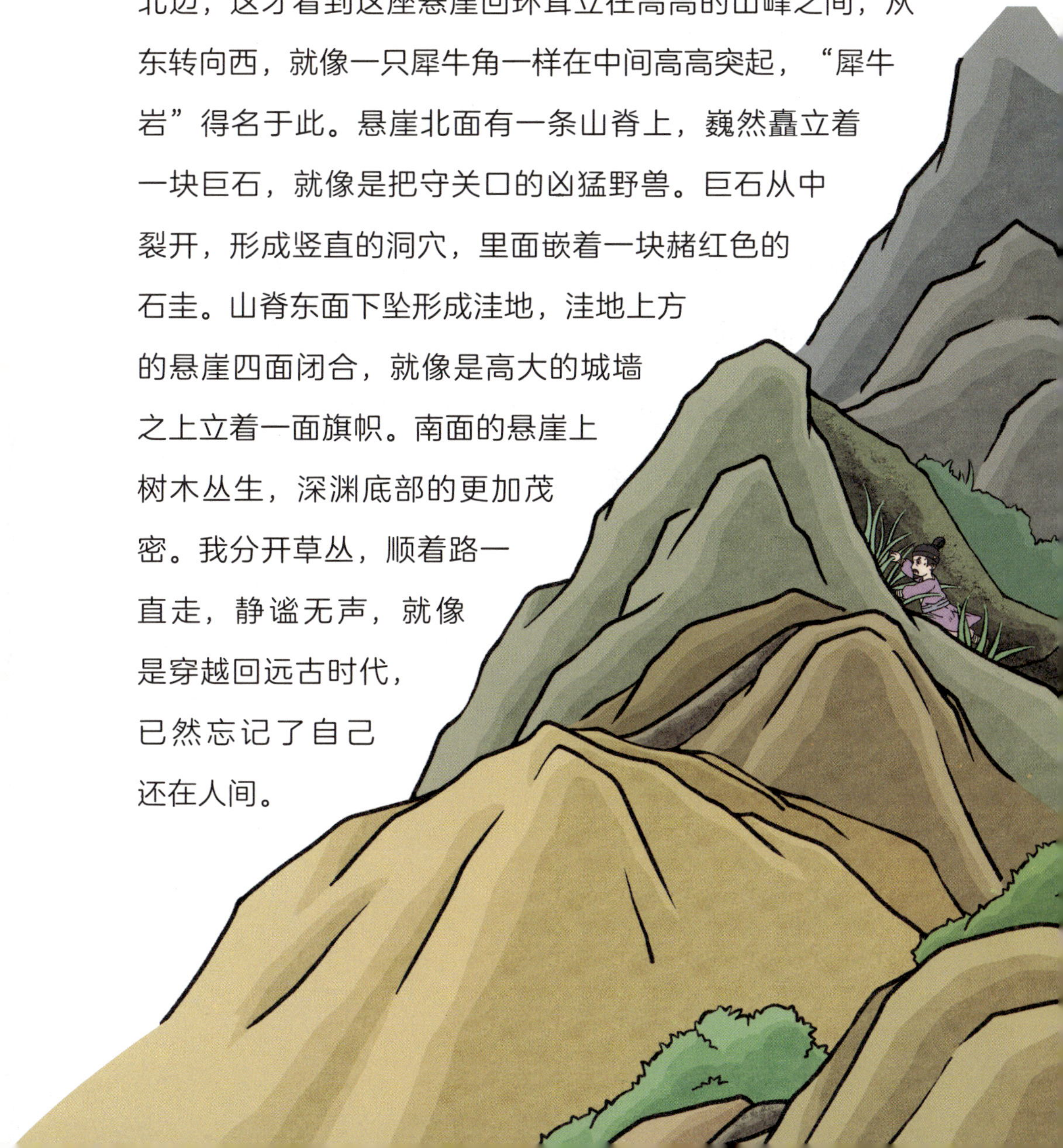

JING DIAN SHANG XI

经典赏析

时日色尚高，余展转念静闻索鞋、茶不已，盖其意犹望更生，便复向鸡足，不欲待予来也。若与其来而不遇，既非余心；若预期其必死，而来携其骨，又非静闻心。不若以二物付之，遂与永别，不作转念，可并酬[①]峨眉之愿也。乃复登涯东行，出窑头村，二里，有小溪自西北来，至此东注，遂渡其北，复随之东。又二里，其水南去入江。又东行一里，渡白衣庵西大桥，入崇善寺，已日薄崦嵫[②]。入别静闻，与之永诀。

——《粤西游日记三》二十三日

---

① 酬：实现（愿望）。

② 崦嵫（yān zī）：古代常用来指日没的地方。

踏遍山河

南宁，在广西壮族自治区中南部。《郡县释名》：南宁取“粤南永宁之义”。地处桂西南丘陵区、邕江流域。主产稻、甘蔗、玉米及亚热带水果。为中国西南出海的重要通道和郁江流域航运要冲和物资集散中心，北部湾城市群中心城市。名胜古迹有民歌湖、人民公园、九龙瀑布群、青秀山、大龙湖等。

戊寅

崇祯十一年 | 公元 1638 年

四月二十三日

雇短夫遵大道南行。

二里，从陇头东望双明西岩，其下犹透明而东也。

徐霞客

已经五十二岁的他继续完成着自己的“万里遐征”，于三月二十七日到达贵州境内，四月二十四日到了北盘江东侧的永宁。

溅雪飞玉 赏白水河瀑布

观瀑布实感
——由震撼到细赏

来到贵州后，因为想去白水河瀑布看一看，所以我就找了一个挑夫，带上行李，一起向南出发。走了很久，我忽然听见远处传来轰隆隆的水声。从山垄的缝隙向北看去，突然看见有河水从东北边山窝往山崖下直泻而下，冲入重重深渊，但见它上半截水流乳白，宽有数丈，像白雪一般腾空飞溅，由于对面山崖挡住了，一时看不见它的下半截。顺着水流一直往西走，回头还能看到东北方悬挂着的激流，恨不得立刻到它下面去看看。挑夫说这就是白水河，我因不能身临其境而感到深深的遗憾。沿着水流走了半里地，只见一座巨大的石桥架在水上，这就是白虹桥。桥下有三个桥洞，每个桥洞有几丈宽，水流经过，越过石崖，溅起雪白的浪花。因河水宽阔，整条河就像是成群的白鹭结伴飞翔，“白水”这个名字起得真妙啊！过了桥，顺着河水往西又走了一会儿，突然山垄出现缺缝，竹林丛生，青翠高大，遮天蔽日，我再次听到了如雷一般的水声，想必又到了一处奇景。我透过缺缝往南看去，就看见路左边有一条水流悬空直冲而下，如同万条银白色的丝绢在空中曼舞，水上的岩石就像荷叶一般往下覆盖，中间像是被刀剜出了三个洞，水流从荷叶上漫过顶部往下泄出，就如同万匹薄纱，垂挂在洞外，一直下泄，如同捣碎的珍珠、弄破的玉。波涛回环，像

是烟雾升腾，气势迅猛，无法阻挡。回想我之前见过的瀑布，比它高大陡峻的不在少数，但从来没有见过这样既宽阔又广大的，我仅仅从瀑布上方侧着身子往下看了一看，就不免惊心动魄。挑夫告诉我，对面的山崖上有一个望水亭，可以到那里休息一下，于是我们从瀑布西南侧往下走，越过峡底，往南上了山，走了一里多地，就到了西面山崖的顶上。这亭子是用茅草盖成的，正面对着飞流，看着那河流奔腾飞泻的样子，我久久不愿离去。

关岭守御所走一圈

踩着石阶下山后，在山垄壑谷里走了一会儿，往西走进一个山坞，只看见东山脚下有一片村落，名叫鸡公背。当地人告诉我，在村东南的山峰上，有一个面向西北的山洞，外边的洞口就像是一条竖缝，而洞内广阔，能够容纳多人，因为形似鸡公，所以得名。这个洞往东通到前山，这个山坞又在洞后，所以称为“背”。听了这些，我就赶紧出发，登上了鸡公岭，山坞里有寺庙，我就向僧人询问洞在哪里，

他说我已经走过了。正巧此时挑夫也到了。我们就一起下了山。途经太华哨，接着往西走，走进了一个山谷，就看见西面远处有一列山峰，像屏障一样挺立，与东边的一列山相对而立。其间有一条溪流，从北往南流向谷底。从关岭桥上走过，再往西沿着石阶往上攀登，走了二里地后，就看见路左边有一座观音阁，楼阁下有一方用石块堆成的方形池塘，泉水从池塘西边的小孔流出，慢慢地注入池中，溢出的水往东流去，此泉就是关索的遗迹，名叫马跑泉。楼阁边路的右侧，也有一处泉水从小孔中流出去，这叫作哑泉，人是不能喝这个水的。所以我就用手舀了些马跑泉的水尝了尝，甚是甘甜清凉。从观音阁往南走，路过一个亭子，再往西边走，登上岭脊，此岭就是关索岭。要问关索是谁？他的父亲大家一定很熟悉，那就是关羽。关索随诸葛亮南征，曾在这里开辟荒地。这里建有神庙，始建于开国初期，后经王靖远扩建。时至今日，祭祀之礼仍在进行，没有废除。越过山岭，往西接着走一里路，只见平坦的山坞中有一个大堡，这就是关岭铺，是关岭守御所的所在之处。到了关岭铺后，挑夫走了，我也回到客店休息去了。

JING DIAN SHANG XI

经典赏析

度桥北，又随溪西行半里，忽陇箐[1]亏蔽，复闻声如雷，余意又奇境至矣。透陇隙南顾，则路左一溪悬捣，万练飞空，溪上石如莲叶下覆，中剜三门，水由叶上漫顶而下，如鲛绡[2]万幅，横罩门外，直下者不可以丈数计，捣珠崩玉，飞沫反涌，如烟雾腾空，势甚雄厉，所谓“珠帘钩不卷，匹练挂遥峰”，俱不足以拟其壮也。盖余所见瀑布，高峻数倍者有之，而从无此阔而大者，但从其上侧身下瞰，不免神悚[3]。

——《黔游日记》二十三日

---

① 箐（qìng）：山间的大竹林，也指竹木丛生的山谷。

② 鲛绡（jiāo xiāo）：传说中鲛人所织的绡。亦泛指薄纱。

③ 悚（sǒng）：恐惧。

踏遍山河

黄果树瀑布，古称白水河瀑布，亦名“黄葛墅”瀑布或“黄葛树”瀑布，在贵州省镇宁布依族苗族自治县西南 15 千米的白水河上。白水河自山区流出，到黄果树地段，河床突然断落，形成七股瀑布。泻入犀牛潭，其势如万马奔腾，汹涌澎湃，极为壮观。为亚洲最大的瀑布。景区建有观瀑亭、望水厅等建筑。为国家级风景名胜区。黄果树瀑布出名始于明代旅行家徐霞客，经过历代名人的游历、传播，成为知名景点。

关岭布依族苗族自治县，在贵州省西南部、夹于南盘江与打帮河之间。名胜古迹有御书楼、红岩碑，以及妙明、关索、观音等天然溶洞。

戊寅

崇祯十一年｜公元 1638 年

四月二十五日

晨起，自鼎站西南行。

一里余，有崖在路右，上下各有洞，洞门俱东南向，而上洞尤空阔，以高不及登。

徐霞客

他继续游览贵州西部的各个景点，这一带风景秀丽、山清水秀。在四月二十五日，他经过铁索桥，往西走，来到了安南卫（今晴隆县）。

壮丽神奇 逛游晴隆县

踏过铁索桥

三月份，我从广西进入了贵州。

四月二十五这天一早，我和拉着行李的马帮一起出发，准备前往盘江。途经一座名叫利济桥的小石桥，走了一会儿，就看见了汹涌湍急的盘江从北往南奔腾而去。沿着盘江东岸一直往南走，走个半里路，就到达了盘江桥。这座桥用铁链做成，东西两头连着山崖作为纵向的桥身，木板铺在铁链上以供行人通过用。东西两面的山崖，虽然相距不远，但高处将近三十丈，江水在桥下奔腾而过，水又深不可测，看上去非常惊险。两面山崖的前边，各有两尊石狮子，高三四尺，用作栏杆的铁链子都是从狮子的嘴里出来的，东西两边都有巨大的牌坊横跨在那里。原来，这里是没有桥的，人们用船渡江，时常会有人被江水吞没，后来用石块建了一座桥，很快就被江水冲毁。崇祯年间，一位姓朱的官员下令用铁链做栏杆，才架起了这座铁索桥。传说诸葛亮在澜沧江用铁链建造了一座铁索桥，所以盘江桥就是仿照那座桥建造的，于是人们称盘江桥为“小葛桥”。但据我考证，这一传言并不是真的。我正在此处观赏碑刻，不料大雨突然而至，我来不及细看，连忙赶往新城。自从建造了这座桥，搭建了城墙，设置了卫所，此地成了军事重镇。听人说旧城在五里开外的山岭头上，我就冒着雨磕磕绊绊地沿着石

阶往上走。走了一里半，出了北门，又往北走了半里，接着转向西边，曲曲折折，又走了二里地，雨慢慢停了下来，我沿着右边的高山往北走了一会儿，就看见了旧城，于是从东门进了城。

奇异的洞中水池

在旧城待了一晚，第二天早上，马帮出发了，我吃完饭后才出旧城西门。从凉水营西边往山坞中曲折行走，地势越来越陡峻。我坐在山坳下的岩石上休息了一会儿，

望着名叫海马嶂的地方，思考它得名的原因。突然我看见一个人从山坳中走出来，他身背瓦瓮去取水，向着南边的岔路走去。之前我意识到南面的山崖很陡峻，有些奇异，但我却没见到那条岔路，所以我赶紧起身，跟着那个人走。转眼间，到了山崖下，只见一个巨大的山洞朝向北边，洞里空陷下去，特别宽大。那个人进洞后，就拿着瓦瓮到石缝间汲水，我才发现这里到处都是水，是从洞顶轻轻洒在空中落下的水。从洞左边高悬的洞顶下来的水最大，下边有一个石台可以接水；石头的侧面，有人凿出了水坑用来存水，供人取用。洞从右边下去的地方最深，我目测了一下，里面可以装下几百人，既宽阔又明亮。但是奇怪的是，四周没有别的缝隙和孔洞，就像是墙壁一样平整。出了洞，我又逛了大半天。傍晚在安南卫城东关外陈贡士的旅店中住了一宿。

威山顶上瞰卫城

听说城东有座山名为威山，山中有一个山洞，从东边穿到西边，里面还有一个水洞，洞中的积水特别深，而山洞的前面正好可以俯瞰卫城，我就想去看看，所以我就带着顾仆一起沿着昨天来的路，到达东边的茶庵，从岔路往北进了山。走了一里路，就到了山麓左侧，只见威山的山脉从北凸向南边，南面巍峨，北面低矮，东西两面都连接着山崖。进了东面峡谷，由山脊向北下了山，道路荒凉，杂草丛生。沿着威山北边的半中腰往西走，踩着石阶走，就看见北面的山坞升起浓浓云雾，弥漫到北边山峰，朦朦胧胧；但南面威山的北边，却是一片晴朗。因为云雾笼罩，看不清路，所以我就转向东北边往上攀登，不一会儿就到了东面山崖倾斜高耸的崖顶了。从顶上我看见山脊特别狭窄，从东北向上蔓延到西南边；我又看到东南方的山峰外，湛蓝的天空中太阳红艳艳的，远处的山呈现一抹蓝靛；我刚刚走过的西北方，浓雾弥漫如大海般漫无边际，峰上和峰下，一片朦胧之境，像是以这条山脊作为了分界线。我想应该是风从山脊的东南方吹过来，将雾吹得干干净净；而山脊的西北边，风被挡住了，浓雾就聚集于此。我一直希望面向北方，看看盘江流过的地方，但是却总被山峰遮住，来到这里正巧登上了向北的山岭，偏偏又被浓雾遮住，神奇的大自然啊，它不想让你看见，真是有多种方法呀！

JING DIAN SHANG XI

经典赏析

循江东岸南行，半里，抵盘江桥。桥以铁索，东西属两崖上为经，以木板横铺之为纬①。东西两崖，相距不十五丈，而高且三十丈，水奔腾于下，其深又不可测。初以舟渡，多漂溺之患；垒石为桥，亦多不能成。崇祯四年，今布政②朱名家民，云南人。时为廉宪③，命安普游击李芳先四川人。以大铁链维④两崖，链数十条，铺板两重，其厚仅八寸，阔八尺余，望之飘渺，然践之则屹然不动，日过牛马千百群，皆负重而趋者。桥两旁，又高维铁链为栏，复以细链经纬为纹。两崖之端，各有石狮二座，高三四尺，栏链俱自狮口出。东西又各跨巨坊。

——《黔游日记二》二十五日

---

① 纬：东西的横线。

② 布政：布政使，为各省的行政长官。

③ 廉宪：明、清按察使别称。因按察使与元代肃政廉访使职掌略同，故称。

④ 维：联结；系。

自然传奇

裂隙水就是赋存于岩石裂隙中的地下水。在石灰岩分布较广的一些地区，由于岩石长期侵蚀，岩体内不断出现裂隙，水慢慢地从裂缝里渗透出来，就形成了裂隙水。

在雨季，水量变多，山洞里就会出现“洞外下大雨，洞内滴小雨”的奇特现象。

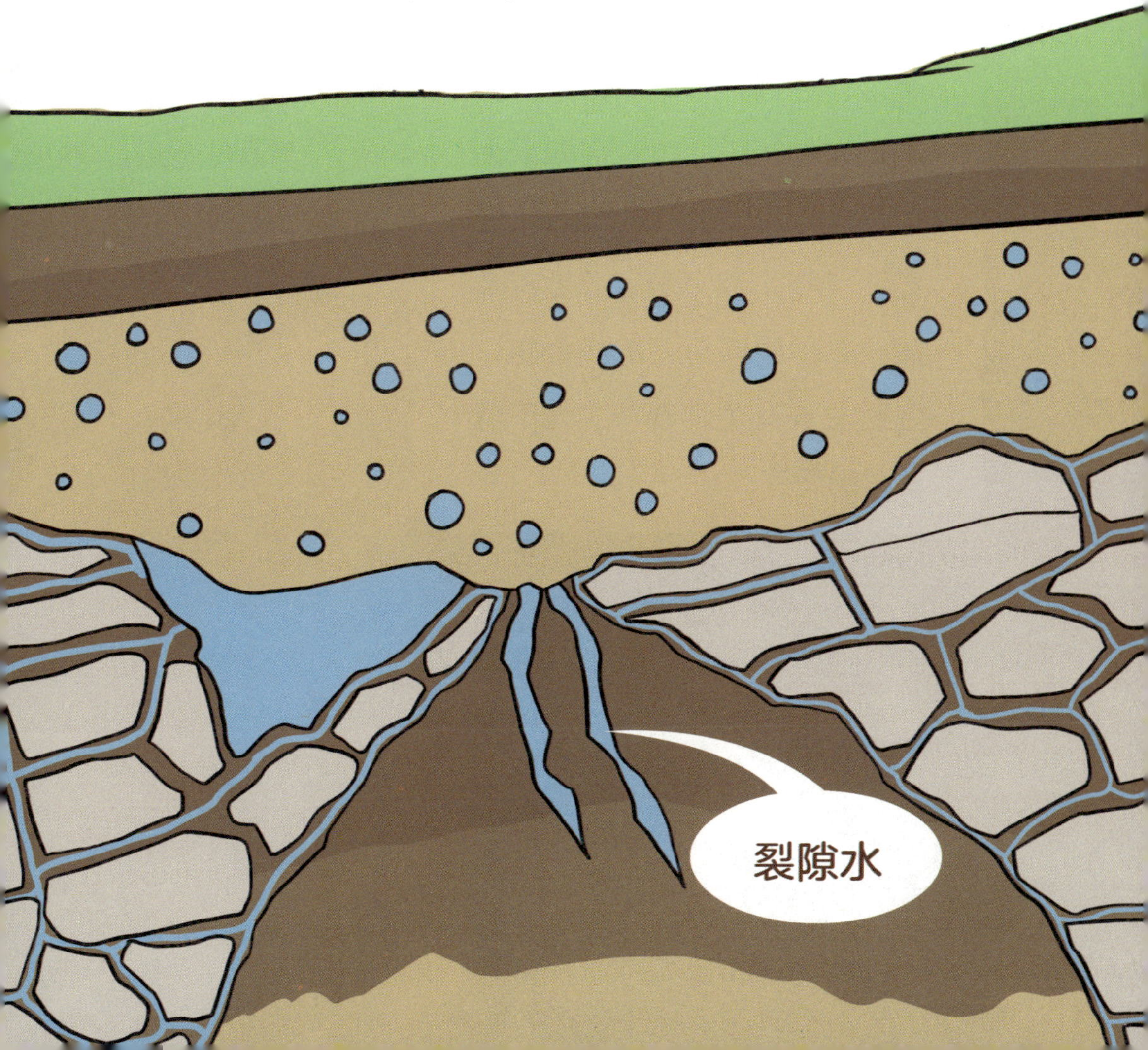

踏遍山河

晴隆，在贵州省西南部、北盘江西岸。属黔西南布依族苗族自治州。明置安南卫，清改安南县，1941 年改晴隆县，以晴隆山得名。农产有稻、玉米、油菜籽等，并产烤烟、油桐、茶叶、黄果等。矿产有锑、铅、煤、翡翠、大理石等。工业有采矿 (锑、大理石)、制茶、酿酒等。此地有晴隆“二十四道拐”抗战公路，名胜古迹有龙洞瀑布、大厂镇石膏晶洞等。

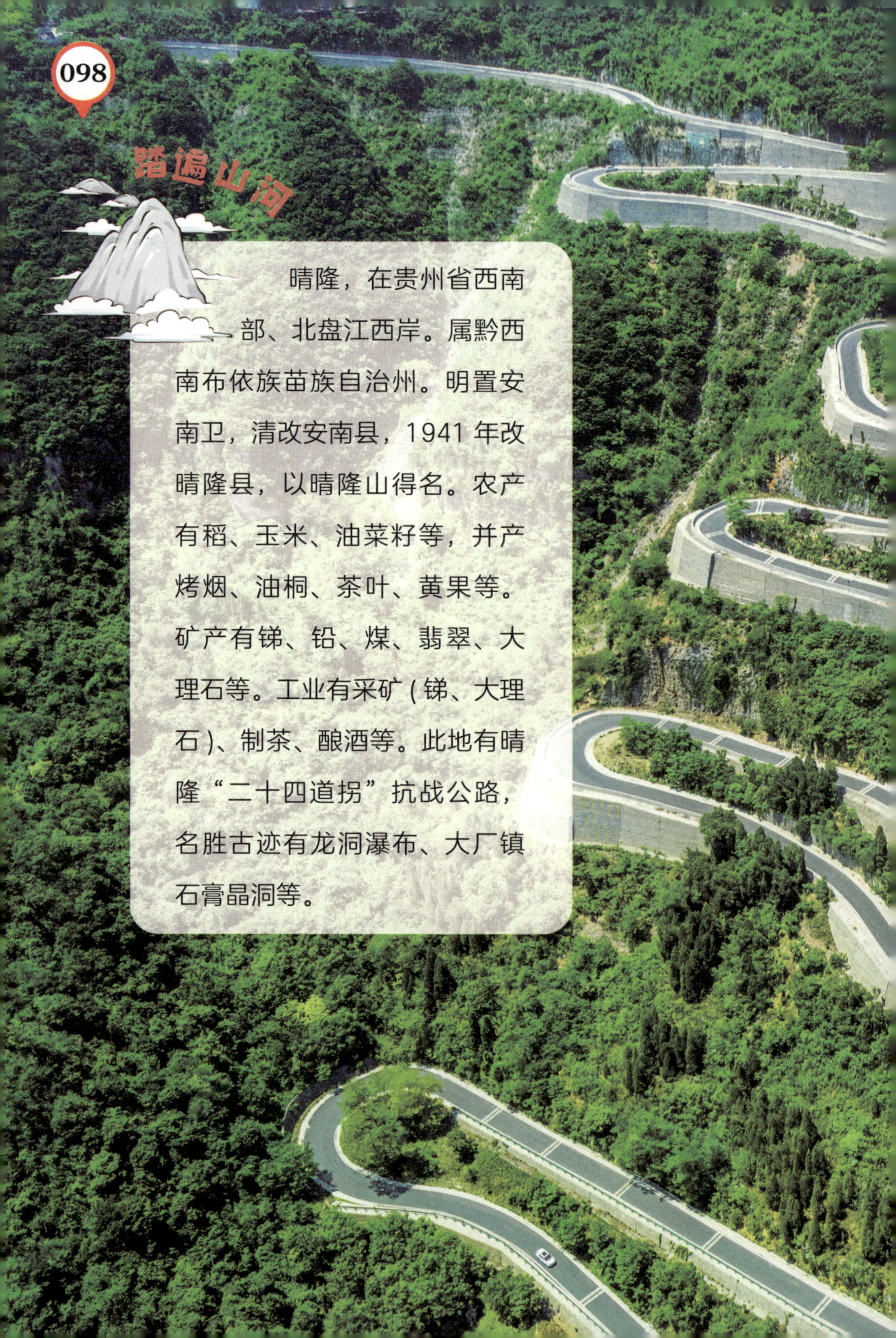

北盘江，古称“牂柯江”。西江上源之一。上源可渡河出云南省东北部，东流经贵州省西南部，在望谟县蔗香附近和南盘江汇合后称“红水河”。长 444 千米，流域面积 2.66 万平方千米。流经石灰岩地区，多地下河流。河床深切，多急流瀑布，水力资源丰富。

己卯

崇祯十二年 | 公元 1639 年

三月初十日

雨止而余寒犹在，四山雪色照人。

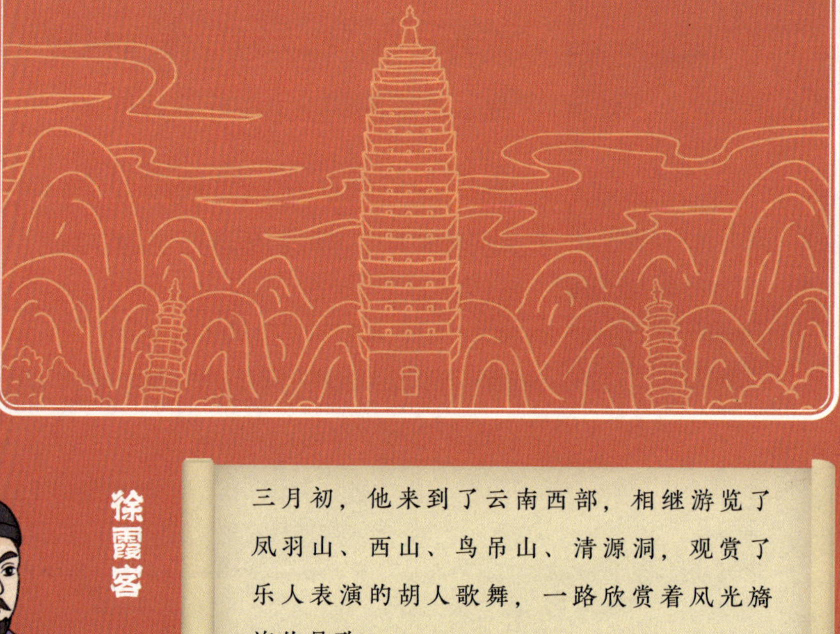

三月初，他来到了云南西部，相继游览了凤羽山、西山、鸟吊山、清源洞，观赏了乐人表演的胡人歌舞，一路欣赏着风光旖旎的景致。

纯粹浪漫

感受"风花雪月"

大理寻奇花

早上起来，发现雨已经停了，四周的群山白雪皑皑，刘陶石说附近有些景点值得一看，想跟我一同游览。我们又找了挑夫帮忙挑行李，准备好一切，就出发了。走过大石桥，满眼望去，水光粼粼，蒲草青青。坐上船，游览沿途风景。船从一个堤坝北边往东走，穿过一座桥，接着往南走。又走了半里，穿过一个名叫三条桥的小桥，来到和仆人约好带着行李等待的地方。但是顾仆还没来。刘陶石看着岔路犹豫要不要继续游玩，此时已经过了中午，我要他回去吃饭，与他挥手告别。我接着来到西山，西山的山坡，向东边突出直到海里，这就是龙王庙。我观察到南面的山崖下，有个油鱼洞。西山的山窝里，有棵奇树，很是高大。为了亲自看看这两处胜景，我让仆人先找到住所，准备好，等我探索结束再吃饭，等我吃完饭就下到海边的山崖上。庙前有个深坑，上面铺有石板，我往下一看，水流冲进峡底，里面有千万条小鱼，杂乱地游动着。这个洞在山崖的弯曲处，海水拍击着山石，山崖向内退去，围绕着海水，面向东边，就像玉玦一般。山崖下面直插进水里，被海水冲刷出很多

小巧精致的空洞。山崖后面，众多石片高耸，如同绽开的芙蓉花瓣。我透过石缝往下瞧，就看见山崖底部海水激荡，下边居然都是通着的，可真神奇！

听说附近有个村子叫“三家村”，我就接着往西走，穿过竹林，沿着西山往南行。过了不久，就到了三家村。在村里碰见了一个老太太，她跟我说奇树在村后的田野里，我赶紧到田间寻找。只见这棵树高耸直立在海岸上，树干向南边伸进半空，但是最大的地方却达不到龙王庙那棵奇树的一半，而且叶片也稍小一些。树上开的花是黄白色的，就像是莲花一样大，也有十二瓣，按着月份和闰月增加一瓣。当地人把它也称为十里香，在开花的时候，在很远的地方就能闻到香气。我一听这个名字，就仿佛闻到了一股香味。大理城有神奇的四大景色，那就是下关的风、上关的花、苍山的雪和洱海的月。其中上关就是以这种花闻名的。我记得志书中记载了大理有种奇异的花叫木莲花，难道就是这个花吗？这种花是从正月开到二月份，我来得真不是时候，此时已经没有什么花瓣了，也闻不到花香了。我伸手摸了摸树干，观察了一下树叶，深表遗憾。

深山惊魂记

早起，觉宗和尚准备好午饭、备好马，我们与何巢阿父子等人一起出发，前往清碧溪。我们一路南行，经过小纸房、大纸房、诸葛祠、中和峰、玉局峰等，到了清碧溪下游。我们沿着山峰骑马往西走，

一会儿，马不能再往前走了，我就让顾仆留下看行李，我们沿着溪流直溯而上，只见两岸堆叠着陡峭的山石，如同夹道。我往西一看，只见一道石门高耸，中间只留有一条缝隙，后面山峰上覆盖着层层积雪，正对着门，互相掩映着，就像是墙上挂着的条幅，非常奇异。我们看奇山、观异石、赏溪水，全然沉浸在这样神奇的世外桃源之中。我们边走边看，走到了一块平坦的石头上，下面是清澈的深水潭，水波粼粼，晶莹明亮。觉宗他们已经往上爬了，我脚踩着沟槽，水流没过我的脚。石头非常滑腻，我只顾往上看，脚下一滑，和流水一起，被冲进了深水潭。水一下子没过了我的脖子，我手脚并用，赶紧跳出了水潭。慢慢踩着沟槽往上走，登到北边的石崖上，实在没有可以落脚的地方，我就翻过北边的山崖，往下看，这个水潭长宽各有两丈多，水色碧绿，波光涟漪。正午的阳光直射在水中，金碧辉煌，光怪陆离。看着这样的美景，我已被迷醉了！我赶忙从山崖上下来，坐到了水潭边的石头上，把衣服脱下来晾到岩石上，接着我把脚放到水里，背对太阳，享受温暖。何君父子也想方设法来到了这里，大家感叹着景致的奇绝。

其树高临深岸，而南干半空，矗然挺立，大不及省城土主庙奇树之半，而叶亦差小。其花黄白色，大如莲，亦有十二瓣，按月而闰增一瓣，与省会之说同；但开时香闻远甚，土人谓之“十里香”，则省中所未闻也。榆城有风花雪月四大景，下关风，上关花，苍山雪，洱海月。上关以此花著。按《志》，榆城异产有木莲花，而不注何地，然他处亦不闻，岂即此耶？花自正月抵二月终乃谢，时已无余瓣，不能闻香见色，惟抚其本辨其叶而已。

——《滇游日记八》初十日

踏遍山河

大理，在云南省西部、洱海沿岸。名胜古迹有苍山、洱海、崇圣寺三塔、蝴蝶泉及南诏、大理古城遗址等。为中国历史文化名城。

龙口城，亦称“龙首关”。故址在今云南大理市北上关。因位于洱河上游，故后又名“河首关”“上关”。

下关，俗称“风城”。位于苍山南边的缺口。下关风是苍洱之间主要的风源，风期之长、风力之强为世所罕见。每年平均约有 35 天以上的大风，冬春为风季，夏秋稍小。下关风平均风速为每秒 4.2 米，最大风速达 10 级。

点苍山，亦称“灵鹫山”“苍山”。主峰马龙峰，海拔 4122 米，山顶终年积雪。有古冰川遗迹。山麓有崇圣寺三塔、观音堂、无为寺、罗刹阁等古迹。集云、雪、峰、溪四大奇观。“苍山雪”为大理“风花雪月”四景之一。以产大理石和山茶、杜鹃、报春花等著名。

洱海，古称“叶榆泽”。在云南省大理、洱源两市县间。以湖形如耳得名。为断层湖。为云南省第二大湖。西汇点苍山麓诸水，北纳弥茨河，湖水由西洱河流出，汇合漾濞江，

注入澜沧江。富水产，以弓鱼最著。“洱海月”为大理“风花雪月”四景之一。洱海与点苍山合为国家级自然保护区。属大理国家级风景名胜区。

己卯

崇祯十二年｜公元1639年

三月二十八日

平明，饭而行。三里，北下至阿牯寨。

三月二十日，徐霞客离开大理，经过下关，往西奔去。为了考察澜沧江的流向，徐霞客详细分析沿途地势地貌，搞清楚了澜沧江和礼社江的关系。

澜沧奔流 探"东方多瑙河"

澜沧江到底奔向哪？

今天天气很好，我继续穿梭在山间、溪涧，往北继续走，就看见东山之下、溪流东岸有个村子，叫狗街子，紧挨着西山的村子叫阿夷村，这名字是不是很有趣？走了一程后，登上了宝台山，坐在山岭上四处眺望，只见北边的峡口低矮，伏在中央，沙木河往北奔入澜沧江，这一支脉往北延伸，在此处达到尽头。它的外层上高峰耸立，横向伸展有五十多里，这座山就是瓦窑山，是永平县北境和云龙州的分界线。曾经有个叫王磐的人在此地聚众造反，带人烧断了澜沧江桥，后被马元康带兵围剿，平息了战乱。据《腾永图说》记载，马元康曾说，王磐等人造反，幸亏是从澜沧江被烧断的桥那边过来攻打永昌府，才有时间在瓦窑山做准备，由此可见这座山的重要性。我望向西边，层层山崖重叠、重重峡谷交错，下面非常狭窄，我竟不知道澜沧江水已经深深地嵌入峡底了。沿着山脊往南走，看到了一座寺庵，名叫普济庵。从寺庙南边出来，往西俯瞰，只见峡底一条浑浊的江流奔腾向东南流去，对面就是高耸陡峻的罗岷山。

澜沧江从吐蕃嵯和哥甸往南流，流经丽江府兰州的西

边、大理府云龙州的东边，流过瓦窑山，又向东南奔到顺宁府云州的东边，接着往南流过威远、车里，这一段河流称为挝龙江，流过交趾汇入大海。在《一统志》中有这样的说法：赵州白崖睑的礼社江流过楚雄府的定边县与澜沧江汇合，共同流入元府江，故这条江被称为元江。但据我考察，澜沧江流到定边县与它汇合的是蒙化府漾濞江、阳江两条江水，并不是礼社江；礼社江是流到定边县东面，与之汇合的是楚雄府马龙、禄丰两地的河水，也并不是澜沧江。依据铁索桥桥东所留下的碑文，上面只提到澜沧江从顺宁、车里流入南海，由此可判断出澜沧江并没有向东流入元江。

入滇第一胜！无人所知？

大公鸡喔喔叫了两遍后，我起来准备早饭，吃完后，天亮就开始全新的冒险。

我从一个山崖上的木头栈道上过去后，就踩着石阶往上走，石阶陡峻曲折，很难走。两边夹立的石壁就像被刀劈开一样，中间被流水冲出一个沟槽，水冲击着岩石飞速

流下来，我紧靠着石壁艰难地踩着石阶往上走。两边峡谷里生长着参天古树，水拍打在石头上，轰轰作响。此时的我觉得冷意浸骨，身心畅快，一点儿也不觉得辛苦了。

登上山达关后，我继续攀登险峻之地，回头远望，东边山峰之上，耸立着层层高峰，正东方近处的山峰就是狗街子、沙木河驿后面连绵群山的山脊，这里就是博南丁当关了。东南远处的山峰，是宝台山圆圆的山顶。我沿着峡谷向西走，就看到山坞底下被百姓开垦成了田地。向西穿过峡谷，就看到那里有一圈平坦的洼地，洼地之上环绕合拢着山峦，底部圆滑平整，就像一面镜子。这里有千亩良田，房屋错落有致，鸡犬、桑麻仿佛都充满了灵气。真没想到在这险峻的山峰、陡峻的石阶之上，如芙蓉花一般的山崖之中，有这样一个如同世外桃源一般的胜地，这里就是水寨。我之前就听说过这个地方，以为它会是在山脚下，没想到就在这群山环绕的平坦洼地之中。我愿称它为来到云南后见到的最美丽的景致！

JING DIAN SHANG XI

经典赏析

澜沧江自吐蕃嵯和哥甸南流，经丽江兰州之西，大理云龙州之东，至此山下，又东南经顺宁、云州之东，南下威远[1]、车里[2]，为挝龙江，入交趾至海。《一统志》谓赵州白崖睑礼社江至楚雄定边县合澜沧，入元江府为元江。余按，澜沧至定边县西所合者，乃蒙化漾濞、阳江二水，非礼社也；礼社至定边县东所合者，乃楚雄马龙、禄丰二水，非澜沧也。然则澜沧、礼社虽同经定边，已有东西之分，同下至景东[3]，东西鄙分流愈远。李中谿著《大理志》，定澜沧为黑水，另具图说，于顺宁以下，即不能详。今按铁锁桥东有碑，亦乡绅所著，止云自顺宁、车里入南海，其未尝东入元江，可知也。

——《滇游日记八》二十八日

---

① 威远：今景谷傣族彝族自治县。

② 车里：今景洪。

③ 景东：今景东彝族自治县。

踏遍山河

澜沧江，是中国西南地区大河之一。上源扎曲、昂曲，均出青海省唐古拉山，在西藏自治区昌都市汇合后始称澜沧江。东南流贯云南省西部，到西双版纳傣族自治州南部出国境，称湄公河。经缅甸、老挝、泰国、柬埔寨，在越南南部入南海。全长4688 千米（中国境内 2354 千米），流域面积 79.5 万平方千米（中国境内16.48 万平方千米）。上

游穿行于横断山脉间，高山深谷，水流湍急，并多石滩。干流上建有漫湾、大朝山等水电站。

元江，在云南省南部。上源礼社江出巍山彝族回族自治县西北，东南流经河口瑶族自治县入越南境后称“红河”，到河内分支流入北部湾。全长 1280 千米（中国境内 686 千米），流域面积 7.48 万平方千米（中国境内 3.98 万平方千米）。多年平均流量 1290 米^3/ 秒。上游水流湍急，下游河面开阔。

己卯

崇祯十二年 | 公元 1639 年

四月二十一日

饭后别邵道，下纯阳阁，东经太极崖。

徐霞客

他于四月十三日到达腾越州城（今腾冲）。在这里，徐霞客详细记载了打鹰山发生过的火山喷发事件，为今天研究腾冲火山群提供了有力证据，并充分游览了阿幸附近的温泉。

多彩腾冲 转“自然博物馆”

打鹰山上探火山

为了一探打鹰山，我从纯阳阁下来，向东经过太极崖，后来，沿着环形山冈上的大路走到了宝峰寺，在寺里遇到了一位尼姑，我就向她打听打鹰山的路。她告诉我方向，并提到最近有个僧人在那里开山，我感觉好神奇，所以加快脚步前往打鹰山。兜兜转转走了很久，在壑谷里见到了一个用篷子搭成的佛龛，僧人宝藏把我迎进篷内，我这才知道尼姑提到的开山人就是他。之前的大雾在饭后已经慢慢散开了，我就想趁此上路，但是宝藏非常热情，坚持要留我住一晚。没办法，我就只能从这边的后山往上攀登。只见这座山山顶两边有两座山峰，中间又下凹，远看就像一个马鞍，所以它还有一个形象的名字——马鞍山。一问当地人我才搞明白，这座山之所以叫打鹰山，是因为本来山上有很多鹰，在旧志书中，被称为“集鹰山”，但是因为当地土话把音错读成“打鹰”，久而久之，就叫成了“打鹰山”。我看两座山峰之间下凹的地方正好处在环状的山窝里，前面立着一座山就在山窝里，山峦又从东北边的山峰下降向中央延伸，从远处看，就像是一个盘子里放置着一颗璀

璨的明珠。这座山还有很多奇异的传说，听当地人说，三十年前山上长满了高大的树木和巨大的竹子，满山植被茂密，而山中还有四个深水潭，极其深，人们根本不知道它们到底有多深，而最神奇的地方就是一旦有一点儿脚步声，潭内就会波涛翻滚，吓得人们不敢走近。后来有放羊的人来这里放羊，被空中突如其来的一声巨雷震死了五六百

只羊和几个牧羊人。因为雷电引发了山火，连续烧了好几天，把满山的植被都烧没了，那几个深水潭也变成了陆地。山顶的岩石是红褐色的，质地很轻，形似蜂房，由泡沫凝结而成，虽然看着很大块，摸上去很坚硬，但是两个手指就能拿起来，真是太神奇了！

热水塘里泡一泡

探了打鹰山后，我又向着著名的热水塘出发了。在曲折陡峻的山里走了很久，越过山冈从北边下了山，感觉北面的山坞慢慢变得开阔，就看见一条小溪向西流淌着，四周升腾起阵阵蒸汽，我想这应该就是热水塘了。走了半里地，我就到了热水塘上边，这里只有一个水池，没有屋子、也没有遮挡，更是连个人影都没见到。

走了这么久，有点累了，就在附近找了户人家投宿。想到那么一个神奇的热水池，怎么能不进去泡一泡，所以第二天凌晨我就起床吃完饭，打算回热水塘好好享受一下。我一路走，一路观察，兜兜转转，进了热水塘李老的家里。

因为此时才下午，时间很充裕，我就勘察了热水流泻的地方，想弄清楚泉水到底是来源于何处。我顺着山坞中的小路一直走，来到了西南面的一个山坡下，发现一条小溪从东边的峡谷中流出来，往西流进了江里。难道温泉水来自这条小溪？我摸了一下小溪的水，水是凉的，看来不是这条小溪形成的热水塘。只见小溪的左右有很多大大小小的泉眼，泉眼就像是竹筒一样，泉水从孔中冒出来，翻滚着向上冲，咕噜咕噜的，就像烧开的热水一样跃出水面两三寸高，有几个孔在一起喷水，有的水从石坑里斜着喷射出来，这里的水热得吓人。原来这些遍地分布的大大小小的泉眼才是温泉真正的水源，那条冰凉的小溪只是迷惑人的小把戏，不过已经被我识破啦！当地人在泉水下游建了一个圆形的池子，以供露天沐浴。我怕水太烫，不敢直接跳进水池，就蹲在池子里的石头上，用水轻轻地擦身体。我想要是把冷水泉的水引到池子里，岂不是可以中和水温，这样就能沐浴了！嘿嘿，想想就开心啊。

JING DIAN SHANG XI

经典赏析

土人言，三十年前，其上皆大木巨竹，蒙蔽①无隙，中有龙潭四，深莫能测，足声至则涌波而起，人莫敢近；后有牧羊者，一雷而震毙羊五六百及牧者数人，连日夜火，大树深篁②，燎无孑遗③，而潭亦成陆，今山下有出水之穴，俱从山根分逗云。山顶之石，色赭赤④而质轻浮，状如蜂房，为浮沫结成者，虽大至合抱，而两指可携，然其质仍坚，真劫灰之余也。

——《滇游日记九》二十一日

---

① 蒙蔽：密蔽。

② 篁（huáng）：竹田。

③ 孑遗（jié yí）：遗留；余剩。

④ 赭（zhě）赤：红褐色。

踏遍山河

腾冲，在云南省西部，大盈江斜贯。以地多藤，又因其地为滇西门户，故名腾冲。名胜有腾冲火山群、叠水河瀑布、云峰山及高黎贡山自然保护区。

腾冲火山，在云南省腾冲市城区周围。中国遗存最完好的新生代死火山群之一。100 多平方千米内分布 70 多座大小不等的火山。其中来凤山在城南，是由两个火山口组成的马鞍形火山锥。打鹰山位于城北，是一个多次喷发的破火山口，海拔 2614 米。龙耸山与打鹰山相连，南麓有青海、北海两湖，由两个火山口形成，北麓有新月形火山锥十多个。马鞍山位于城西 6 千米处，由葫芦状的三个破火山口组成。火山体附近富地热资源，有高温沸泉、热泉、温泉、热气泉、低温碳酸泉。为国家级风景名胜区。

己卯

崇祯十二年 | 公元 1639 年

八月二十九日

为弘辨师诞日，设面甚洁白。平午，浴于大池。

徐霞客

心力交瘁的他于崇祯十三年（1640）正月，被丽江木土官派人用滑竿护送，后改乘船，历时150日回到家乡，四年的“万里遐征”就此落下帷幕。

旅途终点
驻足鸡足山

“万里遐征”，身心交瘁

我算了一下，从万历四十一年到今年（崇祯十二年），我已经前前后后旅行了将近三十年，大半生都在探索大好河山，直到第二次登上鸡足山，我感觉到有些累了。先前因为我长期在瘴疠流行的地区行走，头上、脸上和四肢都起了一块块疹子，密密麻麻的，特别特别痒。一开始我还以为是生了虱子，总是觉得身上痒痒的，四处找也找不到一个虱子，现在才知道应该是得了风疾。恰巧附近有一个热水池，里面浸泡过药草，我就在这里熏蒸身体，出了一身的汗，这是治风疾的好方法，对我的病有很好的治疗作用。

我住的这座古庙里，收藏着很多珍贵的书，我就边养身体，边看书作记。

休息了几天后，我感觉身体明显好了一点儿，外面天

气又非常晴朗，就想去大理拿回寄存在那里的行李，顺道去游览一下苍山、洱海，了却未了的兴致。体极和尚劝说我应该等木公的信使到了之后再走，不能驳了人面子。所以我、顾仆就同和光禅师一起去探究大觉寺的山势走向。

在山里兜兜转转，到了傍晚，碰到了兰宗，他要我留宿，我也正想见个朋友，所以我就听从了兰宗的安排。和光想下山，我就让顾仆一同下去，因为我怕山间的庐舍没有多余的被子给他盖，怕他受寒。顾仆让我把钥匙给他，我没多想，就把一串钥匙都给了他。

第二天一早，我和兰宗一起吃了早饭，没见到顾仆来找我，我就有些担心。因为没等到老朋友，我就想立刻下山。这时，就看见一个慌慌张张的和尚跑到我跟前，他说顾仆背着行李去大理了，长老怀疑不是我的命令，就差遣他来告知我，我心里明白顾仆不是去大理了，而是逃跑了，就急忙和兰宗告别，匆匆下了山。到寺里已经是中午了，我打开箱子一看，东西都不见了，体极他们就想派几个和尚一起去追，我制止了他们，说道："顾仆想跑，追是追不上的，就算是追上了，他也是不愿意回来的，所以就任他去吧。"只是我心里难过，想到我们主仆二人，在离开家乡的这三年里，形影不离，他却在万里之外把我抛弃了，为什么他能如此狠心呢？唉……

他乡偶遇知心人

顾仆的离去令我忧心忡忡、寝食难安，寺里的朋友们便陪着我在藏经阁各处散步，碰到了圆通庵的僧人妙行，我们正在闲聊之时，寺里又来了一位落第的史姓公子，他到这里登山为排遣心中苦闷。于是我们几人谈天说地，也算快乐！

第二天，妙行约我一起去华严寺游逛，拜访寺里的老和尚野池，和光也和我们同去。野池已经有七十多岁了，年轻时侍奉过很多有名望的前辈，现在年老了，就关起门来潜心研读佛经，很令人佩服。他听说我想要修撰《鸡足山志》，就把他抄录的《清凉通传》借给我看，我十分感谢他的好意。出了寺庙，走了几里地，就到了天竺寺。寺院北边的山涧从高高的峡谷中流下来，南边的山涧从西面的一条支脉东边的山谷里直冲下来，夹住圣峰寺的支脉，东面在此地到了尽头。而王十岳《游纪》中把圣峰寺所在的山脉记成了中间的一条支脉，这是错误的。经过了法华庵、千佛庵、灵源庵三座寺庵，就到了大觉寺。接着往东走，登上圆通庵，开始欣赏美丽的灯笼花树。这种树的花开得

很大，中间是红色的，而花尖花蒂是绿色的，像一个个灯笼垂挂着，十分可爱。

这天夜里，我和史公子对坐深谈。他留心山川，告诉我九鼎山前面、梁王山西侧的溪流，是一直往南下流到白崖、迷渡的水流，这条溪流名叫山溪。后代人凿开它所流经的山峡，把它分流引入洱海，那么这条溪流又从一条水流分为两条支流了。这帮我解开了疑惑，我终于弄明白了清华洞的那条山脉，也是起自梁王山东面转而向南下延伸，就是今天凿断的地方。我最初以为这条山脊是从九鼎山往西下延，那么要是又往南流经到白崖，岂不证明了我之前的判断大错特错了？我拄着拐杖、历经千难万险，走过高山、涉过江河，居然还会出错，可见不可缺少仔细认真的探究啊！史公子说他生平很喜欢勘察山脉，却总被人嘲笑，所以不敢和别人分享自己的探究结果，偶然间碰到了我，实感幸运，而我也是不断探访这条大山脊有几十年了，直至今日，才解开了心中疑惑，获得了真相，同时我能在异乡遇到这样一位知心人，也算是神奇的机遇了。这晚的月亮特别皎洁，澄净的天空如水洗一般，我的身心都清澈明亮了！

平午，浴于大池。余先以久涉瘴地，头面四肢俱发疹[①]块，累累丛肤理间，左耳左足，时时有蠕动状。半月前以为虱[②]也，索之无有。至是知为风，而苦于无药。兹汤池水深，俱煎以药草，乃久浸而薰蒸之，汗出如雨。此治风妙法，忽幸而值之，知疾有瘳[③]机矣。下午，艮一、兰宗来。体师更以所录山中诸刹碑文相示，且谋为余作揭转报丽江。诸碑乃丽江公先命之录者。

——《滇游日记十三》二十九日

---

① 疹：疹子，即出现在皮肤上的斑疹、丘疹等斑块病变的统称。

② 虱（shī）：为哺乳动物的体外寄生虫。吸食血液，并传播疾病，如人虱能传播回归热和斑疹伤寒等。

③ 瘳（chōu）：病愈。

鸡足山，在云南省宾川县西北、洱海东北。山形前分三支，后为一支，宛如鸡足，故名。南北 7500 米，东西 15 千米。有 13 峰、34 岩。主峰天柱峰，海拔 3248 米。为玄武岩构成。佛教名山之一。现存祝圣寺、九莲寺、余金庵、楞严塔等。山上怪石峥嵘、松柏茂密，泉瀑成群，洞穴奇幻，景色佳丽。属大理国家级风景名胜区。